从读心到攻心

21 天练就完美沟通力

托尼娅·瑞曼（Tonya Reiman）◎著

韩　冰◎译

重庆出版集团　重庆出版社

版贸核渝字(2011)第87号

图书在版编目（CIP）数据

从读心到攻心 /〔美〕瑞曼（Reiman，T.）著；韩冰译．—重庆：重庆出版社，2011.7

ISBN 978-7-229-04010-9

Ⅰ．①从… Ⅱ．①瑞… ②韩… Ⅲ．①心理交往－通俗读物 Ⅳ．① C912.1-49

中国版本图书馆 CIP 数据核字(2011)第083083号

从读心到攻心

CONG DUXIN DAO GONGXIN

〔美〕托尼娅·瑞曼　著

韩　冰　译

出 版 人：罗小卫
策　　划：中资海派·重庆出版集团科韵文化传播有限公司
执行策划：黄　河　桂　林
责任编辑：朱小玉
特约编辑：冯　霞
版式设计：罗志宗
封面设计：张　英

重庆出版集团 重庆出版社 出版

(重庆长江二路205号)

深圳市永利达印刷有限公司
重庆出版集团图书发行有限公司发行
邮购电话：023-68809452
E-mail：fxchu@cqph.com
全国新华书店经销

开本：787mm×1092mm　1/16　印张：15.5　字数：150千
2011年7月第1版　2013年6月第5次印刷
定价：29.80元

如有印装质量问题，请致电：023-68706683

Tonya Reiman

To my friends in China —

I hope you find some words of wisdom within these pages.

Best to you.

Tonya Reiman

致中国的朋友们：

希望你们能在这本书里找到对你们有价值的东西。

致以最美好的祝福！

托尼娅 · 瑞曼

THE YES FACTOR

目　录

序　言　0.1秒　获得肯定的第一步　4

第1章　你知道的和你不知道的语言　11

仅仅一个眼神就能让两个本是平级的人马上自动排序，分出高低；简单地改变一下姿态就能让你获得佳人芳心，做成一笔生意，赢得一场谈判……这就是肢体语言的力量！

第1节　那些泄露天机的肢体语言信号　12

第2节　各种情绪究竟源自哪里　19

第3节　绝对不会被拒绝的问话策略　31

第2章　用金口玉言打动人心　43

小布什的一句“税收减负”，让共和党的形象在民众的眼中瞬时高大了许多；催眠师是如何运用几套不同的用语就能让听者进入深度睡眠，如实回答她的问题？……语言，让你引领他人！

第1节　语言是情绪的种子　44

第2节　走进TA的潜意识　55

第3节　埋下积极的语言种子　71

第4节　神奇的“镜像效应”　79

第5节　拉起TA记忆之海的船锚　91

第3章　在举手投足间征服人心　105

家庭主妇如何用一通电话，就让素未谋面的售货员为她便宜600美元，并额外再送她一个新沙发？亚瑟王为何坚持用圆桌召开他和骑士们的会议？……让人对你说“YES”，就是要于无声处胜有声。

第1节　身体语言的密码　106

第2节　不安分的手和脚　112

第3节　脸部微表情所泄露的秘密　129

第4节　别靠得太近，但也别离得太远　142

第5节　影响人们感受的座次安排　149

第6节　声音会泄漏你的秘密　155

第7节　自然体香VS昂贵香水　161

第4章　读心 攻心、SO EASY　165

如何从一张扑克脸上搜寻TA试图欺骗你的蛛丝马迹？低个子人士该如何利用自己的肢体语言表现自己的强势？怎样分辨并回击仗势欺人者的蛮横无理？说谎者最爱用的数字为什么是“三”？……多方出击，让沟通不留死角！

第1节　共同的目标和敌人会让我们心连心　166

第2节　向外界展示你的最优个人形象　175

第3节　讲个小故事打破冷场　188

第4节　男人女人都要懂的交流方式　197

第5节　扭转乾坤的心理法则　208

第6节　让人折服于你的个人魅力　224

附　录　21天重塑自我特训营　231

序 言

0.1 秒
获得肯定的第一步

你会成功吗？会，一定会！十拿九稳！（苏斯博士）

“Yes，我理解你的观点。”

“Yes，让我们来谈一谈。”

“Yes，你被录用了。”

“Yes，我买下了。”

Yes，三个简简单单的字母组成的词有着不同凡响的力量，它为你开启一扇门；帮你找到一份工作；助你搞定第一次约会，然后还会有第二次，第三次！别人肯定的回应使得我们能够朝着自己的目标奋进并最终实现。而我们实现目标的过程其实就是不断获得别人肯定的过程。我毕生的工作就是思考我们如何通过语言和非语言的方式与其他人进行有效的沟通，随后我发现，实现目标意味着关注那些能带来肯定回应的因素，即向周围的人展示自己最好的一面，并确保每次都能得到肯定的回应。

日复一日，我们都在不断地自我推销我们的想法、信仰、产品、服务和需求。不管你靠什么为生，也不管你希望实现怎样的人生或职业理想，你都可以通过改变沟通方式来改变别人对你的固有印象。每一句肯定的回应都会给你力量，让你展现出最胸有成竹的自己。

人的一举一动远比自己想象的要难以掩饰。你的姿态或言辞（已说的和未说的话），都影响着周围的人对你的解读。普林斯顿大学的研究显示，第一印象在一见面的 0.1 秒就已经形成。仅仅 0.1 秒！这就是全部的时间。普林斯顿大学心理学教授亚历克斯·托德洛夫认为，我们在交谈之前其实已经决定了对方是否与自己投缘，是否有能力胜任应聘的工作。

这告诉我们：仅仅成竹在胸是远远不够的，仅仅明确自己的人生目标也是不够的。**获得别人肯定的回应还关系到如何每次都能在第一时间向初次见面的人在一瞬间展现出自我风采。**

回到刚才所说的 0.1 秒形成第一印象。在我的职业生涯中，有人曾请我分析社会名流和公众人物的肢体语言和语言沟通。下面就让我们透过表象来看看他们真正传递的信息。布拉德·皮特和安吉丽娜·朱莉的吸引力毋庸置疑。他们是炙手可热的明星，跟他们有关的新闻更是带动数百万份街头小报的热销。下图是他们的一张合影。当时，皮特与詹妮弗·安妮斯顿还是人人艳羡的夫妇，可是不久他们便分居了，一时谣言四起。虽然这属于单向的信息沟通，可人们只需要几秒钟就能看出到底怎么回事。

在相片中，安吉丽娜背部侧对着皮特，双手放在身后。一般情况下，把双手放在身后是在告诉别人自己未受到胁迫，好像在表明自己“泰然自若”。这正是安吉丽娜的姿态所表达的内容。

皮特右手插兜，面无笑容，紧抿双唇。当人们下意识地不想说话时常常会抿起嘴唇，好像有什么秘密不愿意透露。从皮特紧抿的嘴唇和藏在裤兜里的右手，人们也可以看出来他正在试图掩饰着什么。

2005年3月17日，安吉丽娜·朱莉和布拉德·皮特出席为电影《史密斯夫妇》的首映造势的活动。尽管此行的目的是为电影作宣传，他们的肢体语言却透露了其他秘密。

一般说来，演员们在一起拍照时，他们互相会有交流，可他们在这张相片中表现得“毫无关系”。这样反而露出马脚，验证了人们已经猜测的事实。

多年后，安吉丽娜告诉一名记者她和皮特是在拍电影时坠入情网的，其实通过这张照片大家已经心知肚明。

下面让我们来看看政治舞台上的例子。还记得1984年总统大选辩论吗？当时很多人都非常关注罗纳德·里根的年龄问题。关于年龄最值得一提的一句话正出自里根自己。“我不会拿年龄来作为选战的争论焦点，我不想出于政治目的而拿竞选对手的年轻和欠缺经验来做文章。”请注意里根是如何化解自己的不利处境的。他使得关于年龄的争论完全转向，他的年长成了一笔财富，而对手的年轻则变成了劣势。这是一个很简单的手法，却非常值得学习。

也许你会觉得，以上所说对名流和政客很重要，但与我无关，这是错误的想法。人们与外界交流会受到每一个独立场景的影响。

案例直击

嗓音和墨镜带给人无限的遐想

有一次我去长岛某间食品杂货店购物，两名女店员正在闲聊。我推着购物车经过的时候冲她们微笑，但她们却都没有注意到我。

这时，一个自信又洪亮的男声在耳边响起：“请问你知道蛋黄酱在哪个位置吗？”多么动听的声音啊。声音的主人戴着墨镜和棒球帽，给人无比自信的感觉，一举一动都很有气势。相比之下，我虽然已经在这家店逛了有一阵子，女店员却像纸牌人一样无动于衷，可是这个人的到来改变了一切。两个女店员一下子精神抖擞，使出浑身解数向这个罗伯特·帕丁森（充满神秘感的《暮色》男主角）般的男人指引蛋黄酱的位置。那一刻，这个男人征服了这间小小的杂货店。

这时他摘下墨镜，萦绕在他周围那股强烈而神秘的气氛倏地消失了。当他把心灵之窗露出来以后，他看起来就是一个再寻常不过的人，只是在寻找一瓶蛋黄酱。他的长相完全不符合他的嗓音和墨镜带给人的遐想。如果女店员在听到他说话前先看到他人，也许就不会这么投入地帮助他导购一瓶蛋黄酱了。可实际情况是，两个女店员先被他的嗓音吸引，现在依然争先恐后想要带他去蛋黄酱货架，换句话说，她们仍然受到第一印象的影响。

这个例子告诉我们，**一旦我们用魅力征服了别人，想要改变看法就不容易了**。这个男人正是通过肢体语言和嗓音这些微妙的沟通形式吸引住了女店员。也许他只是想要买瓶蛋黄酱，但他所表现出来的自信和风度令杂货店里的人为之一振。在一间对顾客不甚热情的杂货店里，他得到了积极的回应。

上大学时我第一次对潜意识有了深刻感受。当时我坐在佩斯大学心理学教室的第一排，米歇尔教授正在讨论有关个人地盘空间的话题。他一边讲课，一边慢慢地向我靠近，当时我并没有察觉到他的意图，仍在继续做笔记，但愈发感觉不自在了。那时候我并不知道，这正是他用肢体语言在试图支配我的地盘空间。

最后他向我的课桌靠过来，脸离我非常近。这时他出人意料地停下授课。对大家说，“大家请看这位同学的姿势。”当他向我的个人空间靠近时，我的身体尽可能地往后靠，以躲闪他不断的逼近。我并没有意识到自己的动作，但是在某种程度上我收到了他传送的信息并作出了回应。

在米歇尔讲授有关潜意识交流之后，我对这些更感兴趣了。我第一份工作是在一家 500 强金融机构担任分析师和招聘专员。我的职责之一就是对应聘者作出快速取舍。人们在刚见面的几秒钟里就能传达出很多信息，例如，面试时，每一位求职者都希望得到认可，但是他们往往表现出自己不够胜任工作的一面。如果应聘者在面试时两臂交叉在胸前，躲避眼神的接触，口齿含糊不清，这怎么能使面试官信服这位应聘者能胜任日复一日繁乱的工作呢？当然，仅仅根据这些作出结论可能并不公平，工作压力和面试压力也不尽相同，但面试时要承担的压力只是努力通过面试官的筛选而已。研究表明，非语言印象很重要，面试官在会面后不久就对应聘者作出是否聘用的决定了，这个决定很大程度上取决于他们对应聘者的好感度，而不在于应聘者的专业背景，也不在于他们是否符合职位要求。

良好的眼神交流和积极的肢体语言能够让求职者在面试时给人留下强烈的第一印象。

一家大型职业中介公司为求职者作培训，要求求职者回答问题时采用“是的，而且……”和“没有，不过……”这样的句式。

“你在印刷厂工作时表现很突出吗？”

“是的，而且我把厂子的生产量提高了20%。”

“没有，不过我负责内部生产的整个流程，从杂志的概念设计，到最后印刷出品都很了解。”

Yes是一个强有力的单词，在Yes之后摆出理由和解释能进一步延长句子的肯定意味。No这个单词则恰恰相反，这是在所有词汇中最不受欢迎的字眼，猛然把人拉回到不知所措的儿童时代。但在否定回答后紧跟上“不过……”可以削弱负面感觉，且依然不失为诚实的作答。

我的专业经验使我能理解人们下意识里传达出的信息，以及怎样有意识地改变信息和传达效果。毕业后，我决定去学催眠术，并成为一名执业催眠师。催眠术缜密而复杂，对思维运作有着不可思议的洞察力。

我在美国和世界各地从事企业培训，并把这些经验知识运用到工作中。通过传授微妙的语言和非语言沟通诀窍，帮助人们改善他们的生活和事业。不管是销售、说服、市场推广，还是基本社交，学会明白他人想法和营造社交氛围都非常有用。值得一提的是，我们每个人与生俱来就有体会微妙之处的能力，有时只需要稍加练习，就能找回一度被忽视的天赋异禀。

除了担当全国众多电视节目的应邀嘉宾外，我还担任福克斯新闻频道的特约撰稿人，全面分析人们的肢体语言和口头表达：亚历克斯·罗德里奎兹和罗杰·克莱门斯否认使用兴奋剂时，他们有没有说谎？莎拉·佩林宣布辞去阿拉斯加州州长一职时是不是很紧张？波姬小丝在迈克尔·杰克逊的追思会上真的很虔诚吗？米歇尔·奥巴马在女儿们的校园音乐会上洒泪是否是真情流露？（我的看法依次是：是，是，绝对是。）我还开始找到了一点乐子：在葛瑞格·盖特菲德的作品《红眼》中我也“有幸”出场，煞有介事地分析大笨狼、史酷比和瑜伽熊，俨然把这些卡通形象和总统候选人一样看待。

案例直击　掌握一点沟通技巧不是为了操控他人

如今，也有人认为我工作的某些方面（尤其是与人打交道方面）是在操控别人。我初次遇到持这种态度的人正好是在我第一次大型演讲的时候。那次是为一家知名公司进行演讲，得到这个机会和一定的演讲报酬，我高兴得有点飘飘然了，想要好好露一手。

我确实露了一手，演讲很成功，我能感受到全场听众的支持，看到他们时而微笑，时而点头，时而掌声雷动。这时候，公司一位身居要职的女性向我发难了。

“我非常讨厌你教人玩弄这些心机。”她这么说。

“为什么你会这么认为呢？”我问道，“当我们把展现自我放在第一位时,我们都在对周围人施加影响。比如你通过化妆提升个人形象。”

她瞪着我，问：“那又怎样？”

“今天早上你冲凉、做头发，好好打扮自己了吧？你用这些来提升形象，而我通过语言和行为达到同样的目的。”

她和我都为这次活动作了精心准备。我化了一个正式的妆容，我认真准备了演讲笔记，确保自己的表现无懈可击。

她的公然反对帮助我向听众更好地阐明了自己的观点。我们都会去精心打扮，也会与人聊家常，被那些并不好笑的话逗得前仰后合。当我说展现自己最好的一面，我指的是通过巧妙的方式对自己施加影响，打造出一个最好的自己，也向众人展现自己最完美的一面。会上遇到的这位女士不明白我其实是在教她一个非常管用的方法，这方法与化妆不尽相同，却能使她达到最佳的状态。

人与人之间的交流是把双刃剑，交流不畅会让人饱受困扰，交流顺畅则事半功倍。我上电视做节目或是为企业进行个人分析时，分析对象的姿态、语调、表达和措辞不光告诉我他们竭力想要传达的内容，也透露了他们的感受。这犹如钻进人们的头脑，洞悉其真实的想法和情感。不仅如此，还能引发他们的兴趣。如此一来，一次次得到对方的肯定也就是水到渠成的事了。

有朋友向我讨教，我告诉他们与人交流切勿操之过急，要确保自己已把肢体语言和口头表达结合起来运用。这本书的内容也是如此。**本书会教你一整套行之有效的语言和非语言沟通技巧，为你的日常交流锦上添花。这些技巧可以令你举止得体，并且感染周围的人，营造积极向上的感觉，每天都有收获。一句话，你将获得他人对你的首肯！**

我接触过各行各业的人，触及他们生活的方方面面，我热爱这些经历，不管是帮助他们提升销售业绩，还是吸引伴侣，或帮助他们实现自我价值，我明白了要获得别人肯定的回应都起始于最初的0.1秒。至于怎样走进另一个人的世界，读完本书你将找到答案。

- 在说话之前即能赢得信任，给对方留下出色的第一印象。
- 熟悉别人不经意举动下的真实意图。
- 得到面试的机会。要知道是否面试的决定只需要几秒钟考虑，半秒都不能浪费。
- 培养通电话的信心，做到无可挑剔，这样声音就不会因紧张发抖或流于沉闷。
- 与他人舒服地相处，心意相通。
- 与异性轻松交往，更好地表达自己。
- 讨好他人，又不让人觉得你是因为有求于他才曲意逢迎。
- 成为身体力行的榜样。
- 不使诡计就能掌控好局面。
- 向当局者成功建言。
- 赢得长期信任。
- 建立终生情谊。
- 遇事胸有成竹。
- 成为出类拔萃的领军人物。
- 让每个人都给你肯定的回应。

读完这本书你就会知道怎样做到这些！

第1章

你知道的和你不知道的语言

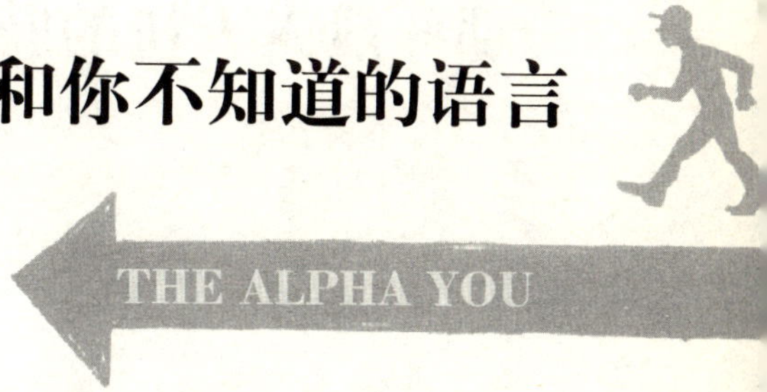

仅仅一个眼神，
就能让两个本是平级的人马上分出高低；
轻轻一个吻，
就能让你洞悉情侣间究竟是真情还是假爱；
简单地改变一下姿态就能让你获得佳人芳心，
做成一笔生意，赢得一场谈判；
……
这就是肢体语言的力量！

YES

第 1 节

那些泄露天机的肢体语言信号

一次行为不能定善恶。（托马斯·富勒）

当我和朋友一起走进满是陌生人的房间，我会立即观察视线以内的人们。当我第一次遇见别人的时候，他们的一切就尽收眼底：他们的举止、站姿、说话的口音，所有细微的或明显的表情，以及他们自己都没意识到的举动在我面前都那么清晰。我知道这是了解一个人最快速的办法。不过当他们发现我就是干这行的，我的打量就不管用了，他们的动作全都僵硬起来。

在我们探讨语言交流之前，我想先带您迅速浏览一下一些重要的肢体语言。

有研究表明，在一些特定场合，人与人之间 93% 的交流都是非语言交流。心理学家、研究情绪和面部表情的先驱保罗·埃克曼和他的同事们已经确定，人类面部 43% 的肌肉通过细微调节可以组合成大约 1 万种不同的表情。每一次互动约有 1 000 种非语言因素帮助人们传递信息。

人类脑部的沟通体系在每一次互动时都会变化，能在交谈对象说话前就向你提供对方的信息。

肢体语言是我们向外界展现形象的核心。你能一眼就把收发室职员和执行总裁区分开来，哪怕他们身着同样的制服。这是因为在工作时，撇开着装不谈，他们有着不同的肢体表现。无论怎样，每个人都有感觉拘束的时候。这种拘束感往往源自于特定情境下你对自己的定位。

案例直击

一个眼神就会泄露玄机

多年以前，我在一次活动中结识了一位在他所处行业里很有名望的绅士。我提出与他合影（我平时很少要求与人合影），一提出这个要求我就担心会被拒绝，而那位绅士有意无意间察觉到了我的顾虑——我跟他的互动猛地转变了。我一下子没了底气。我们俩都是电视节目邀请的嘉宾，本是平等，这时却俨然分出了等级（猜猜看我是上级还是下级）。我眼睁睁地看着这场变化却无法在短时间内找回状态，真是一个深刻的教训。

不久前我在一个大酒店进行演讲，按照惯例，我一大早就去“熟悉会场”。在去会场的路上我遇到了一位酒店员工。

“早上好。”我同他打招呼。

“早上好。”他报以一个灿烂的笑容，目光随后往地下看。

这个小举动让我看出很多，也看出他在这间酒店的位置。可能在酒吧里他会表现得全然不同，但是从他拘束的肢体动作看出，他明白我是来酒店消费的客人，而他是服务客人的员工。

我一直很喜欢自己信心满满地走过福克斯新闻大楼走廊的样子，可要是遇上我平日仰慕或者畏惧的人物，我也很可能会本能地垂下眼。

细节会告诉你 TA 的特性

为了理解别人的非语言信号，我们需要对这个人设定基准，这个步骤称做“**找规律**”。从握手的方式到站立的姿态等各个细节都能体现一个人的特性。通过握手我们可以知道这个人是善于支配型的还是乐于顺从型的。设定基准后，我们还能了解到对方是右脑型还是左脑型、性格外向还是内向，这些都是非常关键的信息。我们还能看出对方是惯于根据事实作判断，还是凭直觉处理问题。在随后的章节里你还将了解怎样从站姿、手势和面部表情中读取信息，你还能看懂不同的眼神。

在别人说话和回想事情的时候，请你留意他双眼平时的位置，观察他说话时目光瞟向哪里，然后你可以在轻松自然的对谈间随口抛出一个问题，让说话人回忆具体事情，请注意看他回答时的表情。他的眼光是往上，往两侧还是往下看？

> “你还记得几年前在这里上班的那个疯疯癫癫的人事档案管理员吗？就是被监控摄像头拍到搜查每个人档案的那个人。他的名字叫什么来着？”你可以不断提类似的问题，直到总结出对方眼睛转动的规律。“他是哪一年来这里工作的？”这个问题涉及到人名和年份，请留意被观测者的眼睛这时是看向哪里来检索回忆？你继续追问：“他还跟公司一个财务人员约会过，对吗？”

这样，你就能在短时间内归纳出对方怎样回想具体事情，而当你想问明某些事情的时候，也就可以直接发问了。（比如，上周你有没有按我说的给简·布朗打电话？）要是他在回想事实时习惯性地看向左上方，那么在说谎时很可能会往右上方看，因为他得动用大脑的其他区域来编造假话，而不是平时用来回想事实的大脑区域。

尽管肢体语言通常受到情境左右，但还是能表露很多个人情况，包括这个人对自己的定位。人们到底是因为个人魅力而自信，还是因为自信而充满魅力？当执行总裁步入会议室，当老师走进课堂，美女踏入酒吧，或者销售员走进医务室，每个人都在自觉或不自觉地对外人流露信息：“这便是真正的我。”不论是初次见面时关键的第一眼，还是整个交往都是如此。

掌握主导地位、举止自信大方的人可以从这些肢体语言上得到好处。**自信会带来个人魅力的提升，让别人觉得你是一个强者。缺乏自信往往会招来消极气氛，让工作、收入和社交影响力受影响。**

封闭型肢体动作相当于封闭了自己。如果你这天过得很糟糕或是情绪低落，你可以先从改变生理机能做起。改变姿势确实可以改善整个面貌。大脑化学物质转变了，人就可能会觉得好些。抬头挺胸，肩膀向后打开，面带微笑，摊开手脚，然后尽力伸展。我们的情绪状态常常会反映在体态和姿势的

改变姿势，你将改变大脑化学物质，从而改善心情。

变化上，舒展身体能使得自己的精神状态得到改变。来吧，就是现在，让我们花很短的时间放松一下肩颈和躯干，伸个大懒腰，我打赌你会比刚才感觉更好。

有两位地方电视台的主持人每天早上七点半都在现场直播节目里这么做。女主持人站着打呵欠，再伸个懒腰。男主持人也站着打哈欠，伸个懒腰。当摄像机镜头扫过整个导播室，镜头里的每个人都在做同样的动作。

当一个人从情感上拒绝某个想法，他往往也会阻断肢体语言的交流，如果我们能够使他的身体动作转变一下，也许就有机会改变他固有的看法。因此，当遇到那些固执己见的人时，不妨改变他的动作姿态。俗话说“换个角度看问题”说的正是这个意思，也确实很有道理。让你的对话目标转变角度或立场，这样他就能产生新的看法。

呼吸是判断一个人紧张与否的特征之一。如果有人感到紧张，但又遮住了面部表情，我们可以观察他的呼吸。人们在焦虑和失落的时候，呼吸常常会变得短促起来，时而还会深呼一口气，因为他需要吸入大口氧气来定定神。

对于那些口才好的人来说，肢体动作也大有帮助。只需要简单改变姿态：靠近些，在关键时候微笑点头（再辅以后面会讲到的其他技巧），你就能够对周遭局面产生影响，进而获得佳人芳心，做成一笔生意或赢得一场谈判。

在良好的沟通中，人们会用优雅的姿态、适当的触碰、坦诚的微笑和恰到好处的相处距离来表达信任，用张开双臂和前倾的姿势来表示合作，用意味深长的笑容和轻拍后背的动作来消除疑虑。最难能可贵的是，善于沟通的人们能始终倾听别人的心声。

贫乏拙劣的肢体语言等于无声地认输。更糟的是，这种无声的语言不出多久还会左右你的情绪，让人陷入低效、忧郁和自卑的恶性循环。

轻轻一个吻 泄露一切秘密

单凭接吻这个举动并不能断定两人之间没有出现问题。在私人生活中,肢体语言也能像在商务环境中那样揭示部分真相。我曾在《生活与风格》(*Life & Style*)杂志上撰文分析过几对好莱坞明星伴侣在亲吻时的肢体语言。

乌玛·瑟曼和安德烈·巴拉斯。首先我注意到他的目光注视着她,手紧紧抓着她的胳膊,而她调转视线看向别处,这正是分心的表现。人们在亲吻时眼睛应该是闭上的,除非两人正视线交缠。就在拍下这张照片后不久,这对夫妇就分道扬镳了。

本·阿弗莱克和詹妮弗·洛佩兹。她闭着眼睛而他没有。他的手垂在身边,是她倒向他去亲吻。他正抬眼往上方看,额头显出了抬头纹。我认为她很投入地亲吻,而他则没有用心。拍下这张照片后不久,他们取消了婚礼。

斯嘉丽·约翰逊和杰瑞德·莱托。她偏过头闭上眼睛,而他只是配合一下,眼睛正瞄着手机短信。这一对的交往也没有持续多久。

这些例子告诉我们,肢体语言远不是看懂面部表情就能了解的。虽然我们一般先看脸,但大部分信息来自对身体下半部分的观察。从一个人腿部的姿势可以得到很多信息。比如,当你与别人聊天时,请你留意对方脚尖指向何处。是不是正对着你呢?如果是的话,那你正吸引着他的注意力。如果脚尖正朝着门的方向呢?如果是,那表示与你交谈的人对你没什么兴趣,或许他正想着脱身去别处。

很多时候,我们在几秒钟内就做出了对他人的看法。如果某人在你的潜意识里留下了积极的印象,那这个人只有做出非常恶劣的事情才会颠覆你对他的好印象。你要是不相信,回想一下自己的初恋,还有一时冲动买回来的东西就知道了,你也可能只因某个人看起来顺眼就给他投票。

怎样延续你的好形象

回溯 20 世纪 20 年代，确实有很多人只凭外表印象就为选举投票。沃伦·哈丁是美国第29任总统。他长得轮廓分明，声音沉着有力，目光炯炯有神，这些都是得天独厚的优势。他是第一个竞选总统的在任参议员，历史上仅有三人凭此身份成功当选总统，另两人是约翰·肯尼迪和巴拉克·奥巴马。

以《眨眼之间》（*Blink*）的作者马尔科姆·格拉德威尔为代表的一部分人认为，沃伦·哈丁成为政坛明星源于他的外表，因为他看起来就是一副总统相。格拉德威尔把人们仅根据以貌取人现象称为沃伦·哈丁谬误。人们只看到外表就快速作出判断，这类仓促的决定发生在大脑正中前额叶皮层中，有时候这样草率的决定是很不恰当的。比如，大个子身体强壮，小个子虚弱无力；低沉的声音很可靠，调门高的声音不可信。这样判断公平吗？当然不公平，可却都实实在在发生着。

借着自身的领袖气派，哈丁逐渐赢得每个人的好感。直到他上任两年后猝死，人们才知晓他的私生活腐败糜烂，这与他的完美形象大相径庭。

哈丁效应告诉我们，**人类大脑虽然有迅速运转的能力，但不见得总是正确**。许多人乐于接触那些形象出众的人们，可一旦深入了解就发现他们并不符合期望。

另一方面，我们倒是可以从哈丁的魔力上学到点什么。我们不能改变身高，却可以锻炼体格。我们可以忍住不去做那些显得不牢靠的小动作，诸如摸脸、咬嘴唇、剔指甲。我们可以把自己塑造得更有感召力和个人魅力。只要不去沾染腐败和通奸这类劣迹，我们就能把自己的好形象延续下去。

最初四分钟，TA 会给你定性

你有没有考虑过在见面的第一秒自己所传达出的信息？有没有把热情和自信传播给其他人？有没有精神抖擞地走路？是不是微笑着主动握手？

在握手之后，请你注意一下对方需要的谈话距离。如果她正向你侧过身来以便听得更清楚，就继续保持这个距离。如果站得太近，就稍微后退一点。

始终保持良好的姿态（不要没精打采的），不管是坐着还是站着，始终把脚尖朝向正在交谈的人而不要对着大门。双手自然垂在身侧，不要在胸前交叉。在最初的五秒后，别人就对你有了第一印象，随后的四分钟里，她会形成对你的基准观察。如果你已经遵照了上面这些建议，这时候就可以施展一些交谈技巧了。

Q&A

读　者：当肢体语言和口头表达发生冲突时该怎么办？我与生意伙伴的交流经常出现这种情况。

托尼娅：我们认为肢体语言是高于口头交流的。如果出现一些不一致的情况，两者传达的信息不匹配，请相信肢体语言。我们见过很多人双手交叉在胸前，硬是从牙缝里挤出“我真的不生气”。这些信号其实一直在提醒你实情，只是有时候我们听到了正好相反的话语，反而对自己的直觉产生怀疑。肢体语言应该是先于口头表达的，因为它来自人们的直觉。在开口之前这些无声的信息就是我们进行判别的依据。跟着直觉走，留意是什么让自己产生疑虑，慢慢你就能发觉有悖于话语的细微差别。

第 2 节

各种情绪究竟源自哪里

我相信开放性的思想，但别太天马行空。

（亚瑟·海斯·苏兹贝格）

多亏了现代脑部扫描仪的出现，使得大脑活体研究成为可能，通过研究，我们对人类千丝万缕的交流沟通有了更深的了解。

人们在沟通中总是想说服他人，得到肯定的答复，而这一切都是从人的大脑开始的。摸清人脑的基本情况，有助于我们弄明白这一切到底是怎样实现的。下面就让我们来看看，沟通发生于人脑的哪个区域。当然，人脑非常精密和复杂，很难具体锁定某个机能发生的部位，所以不管是语言沟通还是非语言沟通，交流要素往往在大脑多个部位同时被触发。

大脑的最外层是**新皮层**，它对人类的生命活动至关重要。进入大脑的信

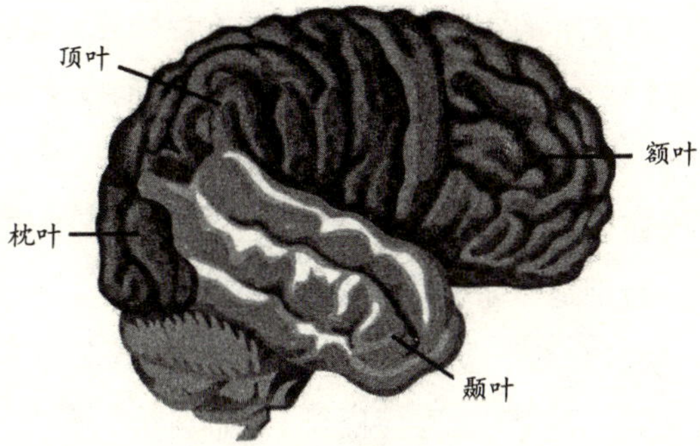

新皮层

息首先被新皮层感知，而后传送至特定区域加工，最后输出观点和见解。随着新皮层的不断进化，人们也由此产生了知觉和意识。

新皮层由四个脑叶组成。额叶是调节思辨、言语、运动和情绪的重要中枢，我们安排生活、判断正误、解决难题都离不了它。顶叶被认为与方向感、觉察力、辨别力和感觉有关，换句话说，我们靠它来做算术、看地图、理解语言、产生想法和情绪。枕叶与我们的视觉相关，指引眼球的转动和聚焦，辨认物体的形状和色彩，这样我们就能记住映入眼帘的事物。颞叶能让我们分辨出不同的气味和声音。除此之外，脑叶对影像和语言的短期记忆也有很大帮助。

除了上面说的四个脑叶，大脑还分为左右两个半球。脑右半球控制左侧身体的肌肉运动，而左半球则正好相反。所以大脑的任何一个半球受到损伤，会在身体的另一边反映出来。尽管左右两个半球看起来相同，但其实它们还是各司其职的。每一个脑半球都有神经机制来控制它们的特定功能，比如脑左半球通常负责语言的组织，事实上，在惯用右手的人群中（即动作受脑左半球操控），语言能力受大脑左侧控制的高达95%；而这个比率在左撇子中占60%—70%。换言之，分别有95%的右撇子和60%—70%的左撇子的语言能力受左脑半球控制。

左脑半球的另一个主要功能是逻辑推演和计算。右脑半球特有的功能则是空间感、音乐、影像和脸部识别。

左右半球之间通过密集的神经元束连接。这些神经束被称为胼胝体，它们好比是连接左右脑半球这两台高性能计算机的电缆线。人们相互交流时，左右半球同时运转，左脑半球将词语拆解成基本形式，就像法院的书记员，右脑半球就像是译码机负责解读。人类的大脑是有感情的，能够听得出说话人的言外之意。左右半球分工合作，人们也就听懂了对话，以及说话人的意思。

举个简单的例子，在一次集体辩论中你一位很迷人的好友支持你的论点。当你们一块离开的时候，你对她说："我爱你，多谢你刚才站在我这一边。"

在这个情景里，特别是当你和好友都是单身的情况下，如果只有左脑半球接受信息，那你可能就有点小麻烦了。不过，现实中尽管左脑半球听到了"我爱你"三个字，你好友的右脑半球还是感应到了你说这几个词时的情感和语义。

每个人都不是完全依靠左脑半球或右脑半球思维。但是就像每个人都有惯用的手、脚、眼睛和耳朵，人们也很可能有处于支配地位的惯用的脑半球。

这样很可能导致人们对某个脑半球过分依赖。如果过于依赖左脑半球，信息就不能很好地传递到右脑半球进行解读。研究表明，有时候左脑半球不愿意放弃对行为的控制，还会监督右脑半球的感知力。这样一来，往坏里说，人们将无法听出说话人的口气和细微差别，因为每一个词汇都被加工成了冷冰冰的逻辑推演；往好里说，人们能够在初次见面时很快对其他人作出判断，当右眼刚与陌生人打上照面，左脑就已经开始分析情势了。

在一些不诉诸感情的会面中，这也许是有帮助的，但忽略右脑半球的功能意味着忽略直觉和警示信号。右脑半球控制着人的本能反应，如果太依靠左脑半球，等于拒绝了本能和直觉的指引。

你是右脑支配型吗

你和同事正在一家办公用品商店买东西，你们准备采购一批绘图架和演示器材，这时你在电脑显示器柜台前停住了。你正好看到有个绝佳的促销活动，于是赶紧掏钱买下一台，然后再继续和同事去采购。如果你是这样的人，为右脑支配型记 1 分。

跟你关系很好的同事要结婚了，你可以去他们的婚礼网站查看礼物清单，或自己为他们挑选一份礼物。你决定先上网站看看同事想要什么，然后根据自己的经验为他们挑选。如果你是这样的人，为右脑支配型记 2 分。

你有三个重要项目必须在月底完成，你会为每一个项目分配时间并设定期限吗？还是会选择自己比较喜欢的那个先完成？如果你选择自己喜欢的项目，为右脑支配型记 3 分。

你最好的朋友的母亲从其他城市过来，而你的好朋友正在上班，请你带上他母亲在城里转转。你会带她去旅游手册上介绍的景点游玩，还是带她去你个人喜欢的地方？如果你选择后者，为右脑支配型记 4 分。

现在你知道了大脑的基本情况，让我们来看一下情感源自哪里。

人脑的新皮层不光能够处理错综复杂的信息，也能够诓骗。人们会说谎话，正是因为聪明的大脑知道怎样在言辞上修改事实（这也解释了为什么人们乐于接受我的建议，相信肢体语言，而不是听信说辞）。

幸运的是在大脑中还有一个对应的功能：虽然新皮层会撒点小谎，可是在新皮层之下的哺乳动物类脑，又称大脑的边缘系统，恰恰能袒露实情。

中脑，即所谓的脑缘，是大脑进化过程中第二古老的区域。这个区域涉及情感，大脑在这里对图像和音乐进行加工，也在这里感应苦痛和快乐。如果你想了解这个区域是如何工作的，不妨听一首能够让你回忆起恋爱时光（或失恋）的歌曲；当你感到压抑时玩一玩欢快的游戏，到那时你就能体验到神经生理机制在大脑还未"思考"时就产生的改变。仅仅是听一曲喜爱的旋律，你的情绪就可能会转好。

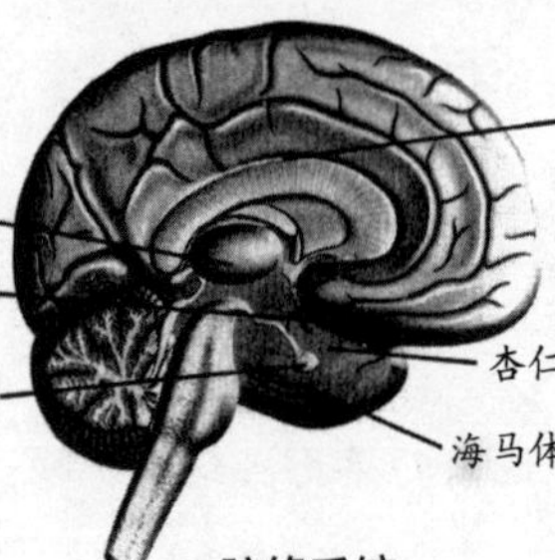

脑缘系统

脑缘是储存各种感情和情绪的中心，包括快乐、愤怒、惊讶、恐惧、激励、痛苦和愉悦，还包括诸如停滞、逃避或打斗这些爬虫类脑（定义见第23页）特有的反应（尤指在某个特定时刻）。脑缘系统与爬虫类脑和新皮层相互影响。人们感受到某种情绪的时候，正是情绪从爬虫类脑传送到新皮层的时候。

当中脑对信息进行加工处理时，头颈、躯干、四肢的摆动都能透露中脑的秘密。这些摆动原始而直接，不管接下来你可能会做什么或说什么，或努力去控制自己，这些无声的动作都在如实反映你的内心。

大脑的使命

爬虫类脑是大脑进化史上最古老的部分，它位于脑干底部，控制着人类一切本能，并调节生存需要：心率、血压、循环、呼吸、消化和繁殖。正是爬虫类脑促使我们扩张领地，守卫家园，为取得支配地位而竞争。在汽车发生意外或是有人在背后突然吼叫时，大脑中的这个部位可以让人本能地闪躲。爬虫类脑系统的使命很简单，就是生存与维持，但是不具备思考能力。爬虫类脑系统之于我们现代人的作用与《摩登原始人》(*Fred Flintstone and His Cohorts*) 里原始人弗瑞德所处的时期并无差别，仅仅是为了维持生命体征。爬虫类脑系统与脑缘系统交互作用，脑缘再根据更为复杂的情感对本能反应进行修正。

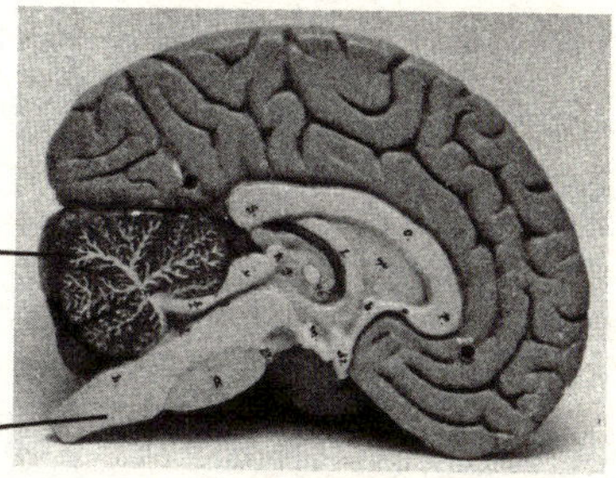

爬虫类脑

我们每天都在经历的七种情绪

每一天我们都有各种各样的情感：忧伤、惊讶、恐惧、愤怒、厌恶、快乐、轻蔑……它们总是真实反映到我们的行为和表情上，这些情绪都是在大脑中产生的。

我们在前面已经讨论过脑缘系统，它位于大脑皮层之下，包括脑下垂体、杏仁体、丘脑、下丘脑、扣带沟和海马体，被认为与情感、动作和记忆有关。脑缘系统也因此被称做第五脑叶。脑缘系统的功能包括觅食、饮水、性行为以及生气或恐惧这类情绪反应。

大脑这些区域在内部相互联系，杏仁体结构是涉及情感的主要区域，它位于颞叶底部，赋予我们每个行为以情感意味。杏仁体与新皮层内的其他区域相互作用，处理并感受每个特定的情绪。通过与海马体和丘脑配合，杏仁体影响着恐惧、愤怒、好斗的情绪，以及人们对友谊和爱情的感受。

人们受到惊吓后的神经反应被传递到丘脑。丘脑紧挨着杏仁体，是传送感觉信号的通道。当这一区域被触发，丘脑就会引起害怕和紧张感，动物（包括人类这种动物在内）进入警觉、固定状态，紧跟着就能准备好随时逃脱或战斗。

海马体与记忆，特别是长期记忆有关，同时也影响高兴、愤怒、厌恶和烦恼情绪，它还与人们控制不住的大笑有关系。

接下来介绍丘脑。在危险情况下，丘脑与脑下垂体一起命令肾上腺释放应激激素。当应激激素充满体内，身体就有足够的能量来进行战斗或逃逸。下丘脑和脑垂体在紧张时也释放其他激素，有些能够令人感到愤怒或消沉。脑垂体也掌管令人愉快的激素，例如内啡肽这种激素就能让人觉得高兴。

我们前面提到的保罗·埃克曼和他的同事在研究中发现，有 7 种情感所对应的面部表情具有全球共同性。当然，这并不代表每个人都愿意这么表露出来，只是当我们脸上显露出某些情绪，哪怕只是一瞬间的流露，都是显而易见。也许这个表情仅仅在脸上持续 1/25 秒到 4 秒的时间，我们的大脑已经可以从匆匆一瞥中捕捉到这个信息。信息得到得越多，我们就越容易根据别人的面部表情作出判断。不过，脸部表情虽然是情绪交流最基本的媒介，却也是最容易弄虚作假的。人们经常会试图掩盖真实的情绪。接下来我们就来看看各种情绪，以及它们最显著的特点。

忧　伤

假设你丢了一个大客户或刚刚被解雇，你双唇颤抖，被忧伤的情绪包围，耗尽了最后一分力气和热忱，新陈代谢的速度也随之减缓。这时你很可能会哭泣，这是由爬虫类脑几个不同区域共同作用的结果。似乎是从出生的第一声啼哭开始，哭泣就有着非常明确的面部表达方式和特殊的呼吸模式。这是怎样的面孔呢？内眼睑提起形似倒写的 V，同时下眼睑也抬起，额头上出现抬头纹。嘴唇垮下来，眼皮也耷拉着。

消防队员在数个小时努力救援后悲痛无比。

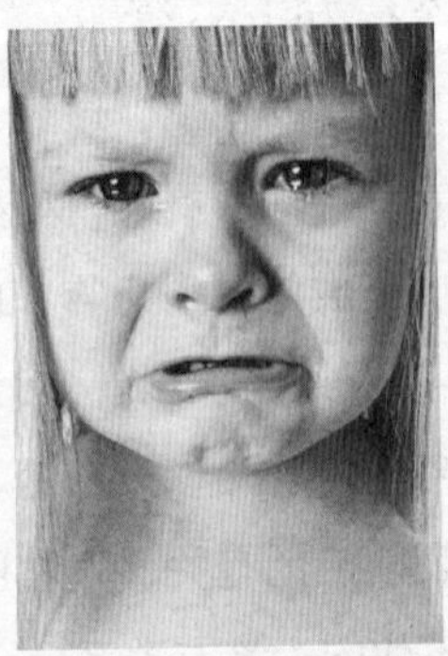

哭泣的小女孩眼里噙着泪，嘴唇向下垮。

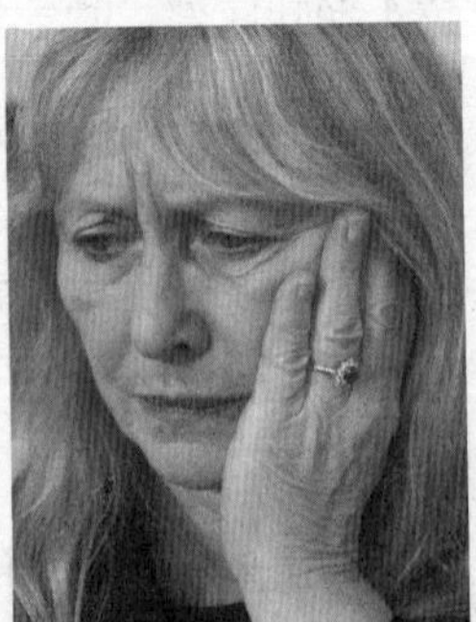

忧伤的情绪耗尽了最后一分力气和热忱，新陈代谢的速度也随之减缓。

2009 年，加州一家百年老店宣告破产，同时关闭了所有连锁店。在报纸刊登的照片上，这家店的老员工和老主顾都表现得依依不舍。虽然每个人长相不一样，但他们在那一刻都有着同一张难过的面孔。

惊 讶

假设你工作中的死对头被提拔为新上司，你感到愕然、震惊、惊诧莫名，又掺杂了点别的什么——害怕、气恼或者侥幸心理。身体里发生的一切变化都是有原因的，在这个时候你会挑起眉头，视网膜吸收进更多光线以便能看得更加清楚。

这时你会眉峰挑起，可以看到虹膜之上的眼白，甚至下边的眼白也可能看到。上眼皮抬起，下眼皮仍然凸起。额头上出现皱纹，嘴巴张大，上下嘴唇分开。

一位美国科学家与人共同获得诺贝尔医学奖。

她被求婚时的开心和惊讶。

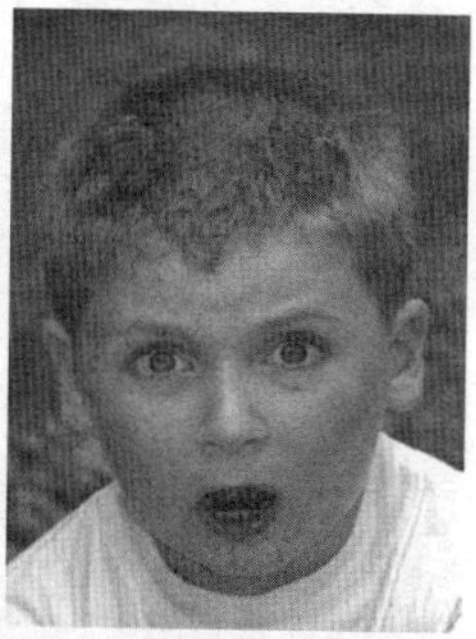

小男孩犯了错后被禁足。

我丈夫 25 岁生日那天，我悄悄为他准备了一个聚会，一大帮朋友守在我们家中。他们作好准备，只待我们一进门就喊“生日快乐！”

当我们走到家门口的时候，能清清楚楚听到屋里有人说话和走动的声音，丈夫以为是家有小偷，于是猛地拉开大门。当他意识到这是一个为他举办的惊喜聚会时，他惊呆了，脸上的表情宣告了他当时惊喜交织的感受。

恐 惧

假设你正赶着去上班，快要冲进大门口时，却摔倒了，又或者你在深夜加班，却听到办公室外面有什么奇怪的声响。这种情况下，你的大脑向丘脑传达信息，丘脑通过神经冲动把信息传递给杏仁体，随后杏仁体向下丘脑示意准备战斗或者躲避。下丘脑激活了神经交感系统和肾上腺皮质。这一神经活动与血液中的激素结合起来，为打斗或从危机中逃脱作好准备。血液从消化道流向肌肉和四肢以确保足够的力气和能量。瞳孔放大，察觉力加强，对痛楚的感应减弱。所有这些反应都在无意识地帮助个体为生存做正确的打算。

害怕时是什么样子的？眉毛会挑起，眉头紧锁，上眼皮抬高，可以看到虹膜上方的眼白。下眼皮拉紧，嘴唇翕张，嘴角绷紧下拉。

未用马鞍的骑手，表情惊恐。

2009年2月14日，墨尔本。在澳大利亚足球联赛墨尔本队与阿德莱德队的半决赛上，塞巴斯蒂安·克尔被卡西奥绊倒在地。

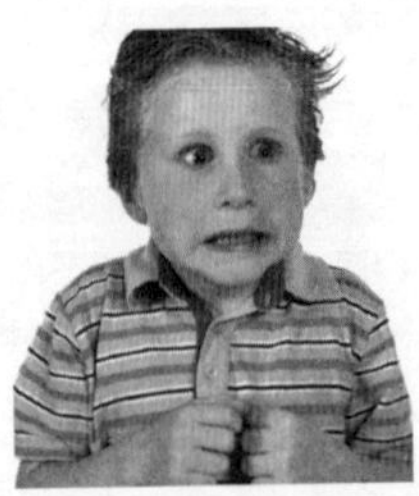

他看到了一只巨大的“小强”。

愤 怒

假如你满怀期待，结果却遭到了恶评，你会有愤怒的感觉。他们怎么敢这样评价你？你已经在这家愚蠢的公司奉献了可悲的 15 年。又或者是另一个场景，在陡峭崎岖的山路上，一名司机企图从你身边超车差点酿成事故。从事件发生到杏仁体作出愤怒回应只需要 1/4 秒的时间。你开始觉得血液涌向双手，准备大打出手，心跳加速、血压升高，握紧的拳头已经满手是汗。你随时有冲动跟老板好好理论，或把肇事司机修理一顿。幸好这时候位于左眼上方的额叶中的血液量也随之增加，使人尚有理智可以控制自己，让自己逐步冷静下来。

生气时会有这样的表现：紧皱眉头，上眼皮耷下来，眼睛牢牢紧盯住对方。下眼皮收紧，鼻孔鼓起。嘴巴有时候会大张，嘴唇绷紧，下嘴唇时而鼓起。

嘴巴张开的愤怒。

嘴唇紧绷的愤怒。

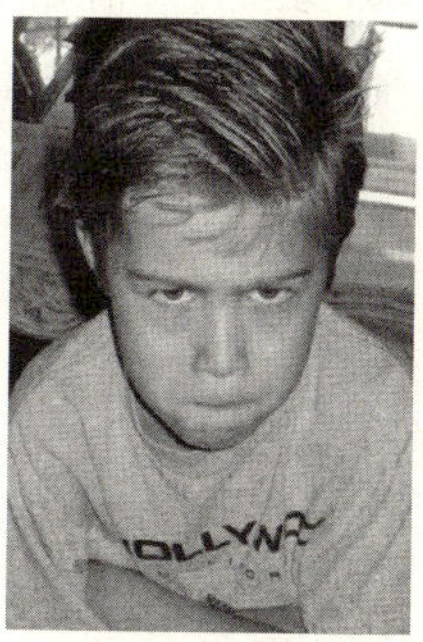

下嘴唇鼓起的愤怒。

我的第一份工作是分析员。公司的办公室分成一个个隔间，最前方是秘书的办公桌。有一次我正与一位男同事隔着隔间谈话，结果招来了部门副总裁的一顿训斥。她冲了出来，在嘴巴前竖起一根手指，向周围全体人说道："嘘！托尼娅，闭上你的臭嘴。"这是我头一回听到这样无礼的说法，我至今仍能回忆起当时的每个细节。这不光羞辱了我，这种说辞还把我当做了乳臭未干的小孩来对待。你可以想象我当时愤怒的样子吗？

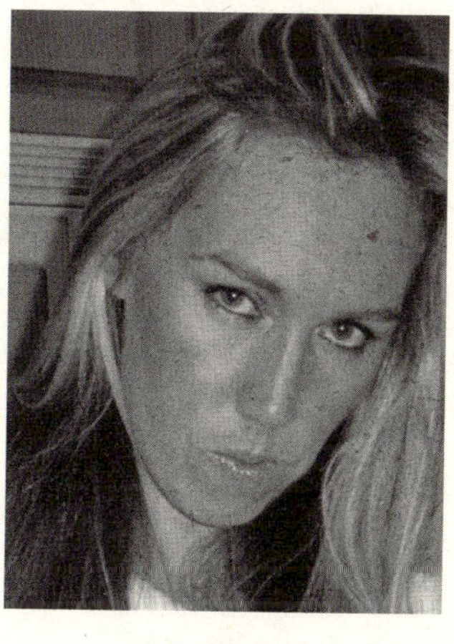

生气的托尼娅。

厌　恶

每个人都会遇到一些卫生习惯不好的人。在一家公司工作的时候，我每天都不得不跟一个压根不冲凉的人打交道，一闻到他散发的气味，我就觉得一阵恶心。大脑里杏仁体被激活，就会产生厌恶的情绪反应。见到令人恶心的东西，闻到难闻的气味，吃到或仅仅是想到那些让人倒胃口的味道都能引起厌恶。这一反应基本上与污物、毒素或是毒剂相关。这种情绪很接近蔑视，除非是在某个特定情况下，比如喝到一口馊牛奶，这种厌恶才只是生理上的强烈反感。

厌恶时候的表情是这样的：额头通常放宽，眉毛低垂。鼻子上半部分皱着，下眼睑拉紧，撅着嘴。上眼睑抬起，嘴巴微微张开。

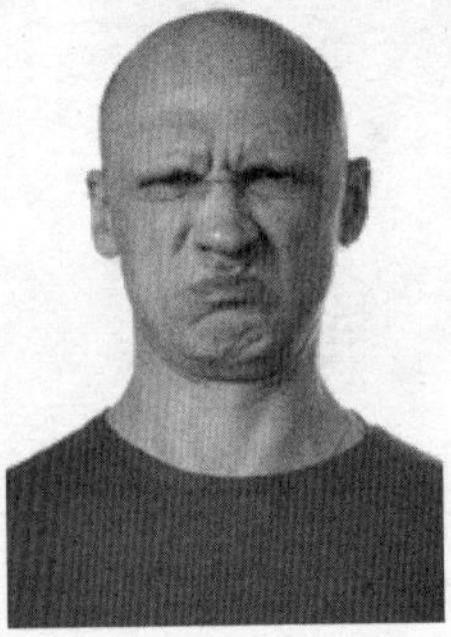

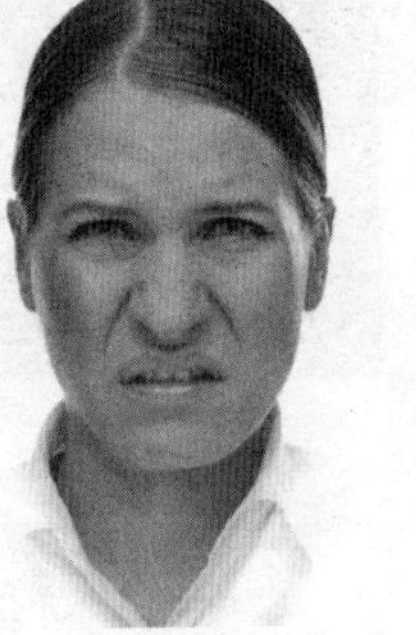

三种厌恶的表情

快　乐

假设你经过努力争取到了新的客户，这时你会兴奋异常。在你的大脑里，内啡肽顿时涌进富有感情的脑缘系统的阿片类受体。你感受到一阵愉快和满足。幸福感有一个不可思议的特点，它是不断加强的。当人们感到快乐时，同时还散发出积极乐观的情绪并能感染周围的人。

你是否发现，当我们置身于明亮的光线下，心情很少会变得阴郁？我有一个朋友就是这样，不管事情多么糟糕，她总是能看到事情好的一面。当我与她在一起时，过一小会，我也会开始变得乐观。

快乐的时候，我们的表情是这样的：额头饱满、眉毛的尾端略微低垂。眼睛眯起来，形成鱼尾纹，眼睛下面还有一些小细纹。脸颊和颧骨上升。嘴巴略张，露出上排的牙齿。

丹尼·格洛弗上扬的嘴角和弯弯的眉毛标志着这是发自内心的快乐的笑。

2005 年 12 月 6 日，英国伦敦，女演员凯特·贝金赛尔出席《哈利波特和火焰杯》首映典礼。

两个女孩出游时开心的表情。

轻 蔑

有人看不惯你的行为或是感觉高你一等，从他的脸部表情你就能察觉到他认为不值得为你费心。这种情绪就是轻蔑。

嘲弄的表情明显表露出这个人的优越感。

2007 年 10 月 20 日，前纽约市市长鲁迪·朱利安尼在华盛顿特区希尔顿酒店演讲“2007 华盛顿简报：价值选民峰会”。

2009 年 6 月 4 日，反对者们聚集在位于俄亥俄州哥伦布的州议会大厦外反对财政预算调整方案。

轻蔑的表情通常表现为：鼻子上出现皱纹。嘴唇抬起向前撅着，带着贬抑和嘲笑的意味。嘴角略上扬。

现在我们知道了情绪源自哪里，也知道了不同情绪下的面部表情，但是要注意，我们需要不时地观察面部表情的变化，同时也要时刻关注说话时的肢体动作。这三个要素，面部表情、肢体动作和语言结合起来才能判断行为和意图。当人们感到满足和幸福，身体动作会很和谐，动作与所说的话保持一致。当人们处在不舒服的状态时，动作显得僵硬，时有失误，表现出不舒适所带来的压力。了解自己和周围人的情绪来源，使我们向最终获得肯定回应又前进了一步。

第3节

绝对不会被拒绝的问话策略

即便是最新式的计算机也只能加快运算速度，人际交往最古老的问题依然摆在交流者的面前，那就是“说什么”和“怎么说”。

（爱德华·R. 默罗）

天空是蓝色的。

一切皆有可能。

你需要我提供的东西。

当你听到类似这样的命题时会想到什么？你迅速在脑中筛选一遍，把你认为不正确或是不道德的提法剔除掉。当听到“天空是绿色”这样的命题时，你甚至不用抬头看，这个命题自动就被判定为伪命题，因为你早就知道天空是什么颜色。可是，对各种信息进行甄别却没有这么简单。

在生命形成的早期，思维就有了有意识和潜意识的区分，人们称它们为批判技能和临界因素。批判技能和临界因素帮助人们免于上当，不过这又受到个人认知的局限，毕竟每个人对正误的看法并不完全就是正确的。举个简单的例子，有些人脑海中形成的临界因素是，吸烟是好事。为什么呢？因为在他们的潜意识里，吸烟令人感觉良好，所以吸烟一定是桩美事，进而便认为“吸烟是好事”这个说法是正确的。**绕过思维里的临界因素对于我们在交流过程中影响他人的看法非常关键。**

要绕过意识里的临界因素，我们需要充分利用潜意识，只有通过潜意识，我们才能改变信仰和行为方式。催眠大师戴夫·艾尔曼（Dave Elman）曾经说过：“催眠是一种思维状态，这种状态避开了人类自发的批判技能，选择性思考应运而生。”通过把非语言性技巧和口头表达结合起来，你就能够飞速绕开临界因素的束缚，像催眠师一样悄悄影响一连串的思维活动。

这对我们有多大帮助呢？避免临界因素以后，我们不但可以影响潜在客户、主管、朋友，更能使我们自己受益。你有些将信将疑？相信我，通过暗暗影响思维方式，你可以改变自己的前景，能够对自身和工作有更好的认识，避免临界因素带来的局限。换句话说，你可以得到自己对自己肯定的回应，深入了解自己的内心，改变自己的人生。

我的朋友凯文·霍根是一位心理学博士，出版过许多关于劝服技巧的著作，他向我介绍了**思维牵引**这个概念。何谓思维牵引？让我们假设大脑是一台钢琴，当你按动琴键，就有一根琴弦被拉动，这相当于把一种可以预估的回应加诸到另一个人身上，而且这种影响往往在童年时期就施加了。以“因为”这个词为例，小时候我们常常缠着父母打破砂锅问到底，有时候父母就会回答说“因为本来就是这样”，父母对我们的问题其实没有给出解释，只是把“因为”这个词用作理由。当我们跟其他人说起这个词的时候，我们思维里的琴弦就被猛地拉动了。所以，思维牵引真正的作用，就在于它影响了个人的自动反应，你触摸到了另一个人潜意识深处，你只需要轻轻一拉，使之合乎自己心意就行。

> 哈佛大学行为科学家艾伦·兰格博士做过一个非常有名的实验。她让一位实验助手靠近正在排队等待使用复印机的人，并询问能否让她插个队。“不好意思，我只要复印五页。”实验助手问，“可以让我先用吗？”有60%的人同意她的请求。当实验助手加入“因为”这个词：“我可以先用下复印机吗，因为我赶时间。”这次有94%的人接受了她的请求。

“因为”这个词带来了不同的结果。请注意，在实验助手请求时她提及了实际原因：“我赶时间。”下面要阐述的恰恰是这个研究让人惊奇的部分。当实验助手走近别人，简短地说“我可以用下复印机吗，因为我有东西要复印”。让人百思不得其解的事情发生了：高达93%的人同意了她的请求。什么，你说什么？她提供了一个不是理由的理由，却仍然有为数众多的人听从。事实上，其他每个人都有东西要复印，不然他们站在复印机前排队等候是为了什么？可是由于实验助手使用了“因为”这个词，而人们对这个词已经有过预设的反应。

每个人都有一个自我的世界，这个世界决定了我们如何对信息进行过滤、加工。这个自我世界是透过我们熟悉的人、看过的电影、崇拜的名人、读过的书、听过的课，以及我们的日常生活来进行信息过滤的。一言以蔽之，我们每天的生活经验拟定了我们的思维架构。为什么人们说最好的销售者也是很好的倾听者，因为他们从不会天花乱坠、乱说一气，而是通过简单的提问让人接受他们推销的东西。“因为”这个词并不是唯一的思维牵引，事实上存在着数不清的思维牵引，它们可以是单个的字、词组，也可以是抽象的概念。

> 让我们来分析一下销售案例。当你走进一家汽车销售店，告诉销售人员你有三个孩子，销售人员会说：“你开这辆厢式车带孩子们去野营一定棒极了。”
>
> 若你透露你目前还是单身，是一名宴会负责人，那么销售人员就会推荐说：“这辆厢式车用来运送宴会食物是最合适不过了。”
>
> 若你透露你是一个宠爱小孙子的祖父，你猜销售人员会说什么？“这辆厢式车用来接送孙子刚刚好。”

回想一下自己以往的经历，出色的销售员是如何向我们推销的。是不是因为他们摸清了我们的想法，了解我们的需求？我们有太多人不愿意费心倾听，也不去仔细了解潜在客户。**在自己的生活中，别只顾着谋划下一步要做什么回应，而是先静下心注意倾听别人说话，这样我们的收获就会多得多。**

新的研究发现，语言的力量比我们想象的更为强大。兰格博士不久前做了一项研究，关注 84 位酒店女服务员对运动的认识。酒店女服务员的工作无须久坐，可是兰格博士发现超过 1/3 的研究对象表示她们几乎没有任何运动量。兰格博士的研究团队测量了这些女服务员体重和其他数据，结果表明：尽管她们的工作量都超过了美国卫生局一般建议的运动量，实际数据却符合她们自己认为的情况，而不是这些运动量后的效果。

这 84 名女服务员进而被分成两组。研究团队向其中一组解释了她们每项日常工作卡路里消耗量，并且告诉这组女服务员她们已经符合卫生局所描述的健康生活方式。另外一组一切如常，并没有被告知任何这方面的信息。

一个月过去了，研究团队重新测量女服务员的体重和其他数据。第一组听过解释的女服务员的体重和腰臀围比均有下降，血压更是降低 10%。其他一些最新研究也表明：**语言宽慰的作用比人们之前认为的要大，而人们也确实可能按照自己认为的情况发生改变。**

上面的研究显示，听过解释的那组女服务员逐渐有了不同的认识，于是行为也发生了变化。当你被告知已经超过了国家锻炼指标，你在进行日常工作时就会想到再多消耗一点卡路里，这样你就能再多享用一块巧克力蛋糕了。

不管怎样，我们的现状受想法影响，而不是别的什么不可思议的方法。在人类交往中，思维牵引现象也始终存在。我想我们中的许多人都曾经见识过两性之间怎样展现吸引力，即便本身并不见得是这样。

不久前我就目睹了这样一个例子。有位非常自信、有吸引力的成功女性是我以前的客户，她与一个不怎么出色的男士一见如故，与他闪电般坠入爱河却又被抛弃。她最终为这段感情心碎不已，感叹自己当初怎么那么傻。

让我们来看一看到底是怎么回事。为什么这样一个精明理智、身为银行副总裁的女强人，却落个扫地出门的下场？让我告诉你原因：他正利用了她的弱点。他满足了她每一个基本要求；用风趣爱玩闹的个性吸引了她的好奇，却又玩弄她的自尊，没有全身心对她付出；他在她面前表现得极具魄力，能带给她安全感，以此来满足她内心对强有力的保护者的向往。换一句话说，他令她倾倒。这个男人知道自己正在做什么，而且也达到了目的。他巧妙地绕开了她思维的临界因素，投其所好，触及到了她的潜在意识。如她这样聪明的女人，也受到了思维牵引的影响，选择伴侣时可以说智商为零，没能用头脑去分辨。

我们稍后再来详细讨论这个男人用到的一些技巧，这样你能够分辨并且保护自己不至于在不知情的情况下受人摆布。现在我们已经知道，每个人都有自己的一套信息过滤机制，而且总有办法能够绕过这样的过滤。每个人都是独立不同的，但是我们总是用相似的方式进行沟通交流。下面让我们亲自感受一下自己的思维牵引。

为何催眠师的柠檬更酸

让我们来做个小实验证明我的观点。现在我想让你放松一会儿。深呼吸一次。假设我递给你一只柠檬，在你的脑海中想象它是多么光洁美丽，色彩鲜黄。假设你正用手指触摸柠檬粗糙的表面，指甲掐进果肉里，你闻到一阵柠檬的清香。现在请想象自己正拿着一把水果刀，你听到果皮被切开的声音，看到柠檬鲜嫩多汁，拿在手中挤压时柠檬汁四溅开来。没准你发觉自己嘴巴皱了起来，你把柠檬凑到鼻子下，一口咬下去，随后又深呼吸一次。

这时你是不是觉得满口生津了呢？

刚才你体验了一番肯定回应。尽管我们素不相识，我的描述却能引起你实实在在的感受。尽管你并没有正式接受我的语言描述，我却影响了你的思维，让你按照我的要求来假想。于是发生了什么情况呢？你脑海中的假想被解码为神经刺激，你的大脑开始自动反应，让你感到自己正在触摸、闻嗅和品尝一个真的柠檬。

潜意识的力量远不止柠檬实验这么简单。伦敦大学学院的研究发现，当我们在假想购买什么东西时，大脑作出的反应跟我们实际购买时并无二致。实验对象感受到了购物带来的愉悦，就如同刚才你感受到了想象中的柠檬一样。难怪当人们幻想着出门旅行或者取得成就时会觉得那么满足。

我在前面说过，要想牵引别人的思维，除非我们能够避开他们的临界因素，只有这样你才能影响他们的行为。

案例直击

催眠戒烟

我成为催眠师以后，遇到了一位 65 岁左右的顾客，他一天要吸 3 包烟。一个人到了 60 多岁的年纪，思考和行为方式都已经差不多固定下来了，我不知道需要多久才能在催眠时绕过他的临界因素的干扰。

一个各方面都已形成习惯的人，通常有着非同一般的顽固意念。但是意念这个东西既然来自大脑的意识，就有改变的可能。为了帮助这位顾客，我必须要绕过他的临界因素，改变他坚信的东西。

“你喜欢吸烟吗？”我问道。

“是的，”他回答我，“我非常喜欢。”

这是一个不好的信号。通常人们只会因为医嘱或是自己深爱的人而戒烟，我不知道他本人到底有没有要戒烟的打算。

“您准备戒烟了吗？”我继续问，“我是说，您自己想要戒烟吗？”

“我当然想要戒烟。”他这样回答我。

为他催眠的过程比往常要漫长，这位顾客显然很焦躁，他的意识不断在阻碍我的催眠。一直过了40分钟，在我低沉、缓慢和单调的声音中，他终于平静下来。

这时我悄悄暗示他：“太令人惊奇了，在这短短几分钟时间里您有这么多的变化。”

当他结束催眠状态以后，我们讨论了一下他的感受，随后我问他：“你觉得自己在催眠椅上坐了多长时间？”

“大概8到10分钟吧。”他说。

“其实有40分钟。”我告诉他。

“这怎么可能？”他不可置信地追问。

这都是因为我刚才的内隐暗示起了作用，影响了他的时间概念。这正是一个不错的信号，我希望他也能接受我其他的内隐暗示。

就在我们第一次会面以后，我给他打了电话，也发了电子邮件，可是让我颇感受挫的是，他一次都没有回复我。到底发生什么事情了呢？是不是他不打算戒烟了，还是打算把我这个催眠师一并戒掉呢？

在我为他担心的时候，他其实是外出旅行了，又恰巧忘记跟我提起。在我们第一次也是唯一一次催眠的6个星期后，我收到了他的语音邮件，还捎来了全家人对我的感谢。随后我收到了他的字条，上面列出了这段时间在我的帮助下每天减少的吸烟量，从每天少吸6支烟、一周减少420支，到一个月减少1 800支。他的电话和字条又一次向我证明了进入一个人的潜意识能产生多么巨大的作用。

那么，在催眠时到底发生了什么变化呢？在他进入催眠状态以后，我通过一些内隐暗示成功避过了这位顾客的临界因素，并巧妙地处理了他的潜意识。你可能会问，达到类似戒烟这样的效果一直是轻而易举吗？当然不是，不过请相信我，你并不需要对别人进行多么深度的催眠，在这里学到的技巧能够帮助你引导你的交流对象或你想要说服的人进入一种清醒催眠状态，从而更好地说服别人。

好了，我们还是先不要本末倒置了，在不加以区别就试图影响别人的思维之前，我们首先应该确立并改进我们自身的沟通方式。就像我们需了解我们所推广的重要产品一样，我们要做的第一步就是了解我们自己。

你的独特卖点就是你的品牌

说服技巧并不是最新才出现的。早在古希腊时期，亚里士多德就在《修辞学》(*On Rhetoric*) 中把说服技巧分为精神气质（Ethos)、伤感力（Pathos)、理性思维（Logos）三个方面。

精神气质对应一个人的性格魅力以及可靠的品质。伤感力是劝说的第二种样式，对应情感方面的诉求。理性思维（Logos）则对应支持某种观点的事实，或所谓的事实，逻辑（logic）这个词就是从它衍生而来。当今社会仍在沿用古希腊时代的说服技巧，只不过我们有一点胜过亚里士多德：现代研究使得我们能够充分利用精神气质、伤感力和理性思维，从而在交流中得到肯定。现代研究已经证明我们怎样在第一次会面就表现得值得信赖，怎样诉诸感情，怎样用最好的方式展示实情，获得别人肯定的回应。

假设你正在面试一份工作或正在跟你喜欢的人约会喝咖啡。这时对方说：“来谈谈你自己吧。”这个请求听起来非常朴实，可为什么原本正襟危坐的你却显得局促不安起来了呢？答案就是你感应到了问题背后的意味：“你到底有什么出众之处？”

求职面试也好，初次约会也罢，很少有人会直白地抛出这个问题，但这恰恰是他想要了解的，而且了解得越早越好。在商场上，这就是你的独特卖点（有时候称之为独特的销售主张）。比如，本书的独特卖点：这是市面上唯一一本糅合了语言和非语言交流技巧的人文社科类著作，它将指导你怎样让别人听从你的要求。

哪种糖果只溶在口，不融在手？哪种汉堡可以随你心意制作？不管是玛氏巧克力（M&M’s）还是汉堡王（ Burger King），从大企业到小公司，每个人在推销产品时都在寻找一条能够反映产品特性的广告语。

我们要把自己的独特卖点打造成自己的品牌。什么令我们在人群中更引人注目？当其他人关注我们的时候，什么样的品牌效应可以令我们更出众？打造出个人品牌不光能令我们在商务活动或约会中更好地推销自己，而且可以使我们扬长避短，突出自己的正面特征，从而获得无穷的自信。

想要打动某人，一定要先对自己有充分的认识，这听起来太过于商业化，然而却是千真万确。如果你没有作好充分的准备就有可能让你越来越没自信，随后就会抑制你原本想要传达的信息。

我通过学习催眠了解了人类的心理，也掌握了一些思维控制方法。我帮助别人战胜恐惧，改变坏习惯，也从这些经历中了解自我，树立信心。

如果你能够像催眠师那样影响自己的头脑，你就可以影响自己的行为。

请注意：我所说的并非一般的自我暗示。我相信你肯定读过诸如人们通过每天给予自己积极暗示就能改变人生这样的建议。这个观点由来已久，随着《秘密》(*The Secret*) 这类书籍的热销，正向思考已然是通往成功的新捷径。然而，我想要更进一步说明的是：把你的目的与现实中确实可达到的目标结合起来。我自己就有这样一个例子。

案例直击

说服潜意识，跑赢马拉松

2004 年，我接受了纽约马拉松赛的苦训，并经历了艰难的精神挑战。我知道那将是非常困难的比赛，但是我下定决心要参赛，而且绝不中途退缩。在训练时，我被忠告不要强求跑满 18 英里，但是马拉松比赛有足足 26.2 英里的路程啊。

你也许会说，我的目的是想向自己证明我能够完成那些不可超越的事情，证明我能够达成任何我为自己设定的目标。但是要达成这个目的，我需要一个真实明确的目标。马拉松比赛就是这么一个目标。为了让自己顺利完成，我还要不断说服潜意识中的自己：我就是一个马拉松选手。每天当我跑步的时候，我就在心里默念：我是一个马拉松选手，我是一个马拉松选手。

这就强迫我的潜意识承认我确实就是一个马拉松选手。我知道，一旦我的潜意识这么认为，我就能真正成为马拉松选手（这点说得不错，毕竟我的身体已经确确实实感觉到了马拉松长跑带来的疼痛）。

正式比赛那天，我穿了一件印满亲友名字的外衣，我能坚持到这一步与他们的鼓励密不可分。这些名字有我的丈夫肯恩和三个孩子斯蒂芬妮、克里斯蒂安和杰丹，还有我的跑步同伴史蒂夫，以及在训练期间常常为我按摩的巴利医生。

马拉松比赛那天到了，当我在紧张地等待起跑枪声时，我感到肾上腺素骤升。砰！枪声响起那一霎，我兴奋得快要炸开，撒腿就跑。可是起跑后没多久，我的双腿就感觉像灌了铅一样颤抖。我的力气不断流逝，很快我意识到纽约马拉松赛程是那么漫长。

我是一个马拉松选手。我是一个马拉松选手。我不断给自己打气。虽然尽我所能，我却还是无法克服来自自身的阻力，那阻力不停规劝我，就到此为止，停下来吧。

最后，我好不容易到达了被大多数马拉松选手称为中途点的地方：20 英里处。看似只剩下 6 英里了，但是这 6 英里却要比前面跑过的 20 英里还要艰难。

我是一个马拉松选手……

我几乎就要放弃了，我的双腿好似被大锤敲打过一样酸痛。

这时有人冲我大喊，“加油，托尼娅！记住你是一个精英分子，要知道只有 2% 的人有胆量参与马拉松比赛。”

那是因为其他 98% 的人都没有我那么蠢吧。我泄气地想。不行，我都在想什么啊，要振作……

我是一个马拉松选手，我是一个马拉松选手，我是一个马拉松选手……

当我跑过21英里时，我的手机响了，是我的小女儿斯蒂芬妮。

“嗨，妈咪，”女儿说，“我正在看电视上的马拉松比赛，怎么看不到你呀？”

“因为妈咪落在一大群人后面呢，宝贝。”

“那没什么，妈咪，你会跑第一名吗？”

“不，宝贝。妈咪实在太累了，只想就这样停下来。”

“哦不，妈咪，你一定能做到的。”女儿在电话一头说，“你用全力使劲跑了吗？”

“妈咪用力跑了。可是妈咪实在很累。”

“妈咪，我为你骄傲，我知道你一定行。”

就在那一刻，我的想法改变了。我那8岁的女儿为我骄傲，我知道我一定不会令她失望。我的身体和精神又重新获得了力量。

一切都变得那么清晰了。我认识到跑完全程是我的目标，是我要翻越的大山，我把接下来跑过的每一英里都作为对生命中帮助过我的人的致敬，每一英里又成为一个阶段性的胜利。

22英里，23英里，24英里，25英里，26英里。

我终于成为了一个马拉松选手。

跑过终点线那一刻，我满脸笑容，高兴得合不拢嘴，不仅仅是因为我跑到终点了，而且我知道自己打破了面前的高墙。一个小时之前，这高墙还显得那么难以翻越，是女儿的话语提醒了我，让我想起自己在训练时不断灌输给自己的信念。

我们常常给自己设定不切实际的目标，或者是需要很多步骤才能完成的目标，诸如明早醒过来我就能减10磅体重，这压根就不可能发生。我将变得更强壮，跑得更快，取得巨大的成就，这是能够实现的，但是必须一步一步付出努力，单凭空想只是在消耗自己的时间而已。在接下来几章里我将与大家分享一些技巧，只要你能掌握这些技巧，你就能得到许多出乎意料的收获。

打造属于自己的卖点

首先，让我们来看看你打算怎样推销自己？请回答下列问题。

- 你最喜欢自己身上的哪 3 个方面？你还有其他什么突出的特点，请列举 7 个以上。
- 你的好朋友或客户喜欢或欣赏你哪些方面？
- 你能够为你向往的工作带来什么价值？请写出至少 5 条理由。
- 你的恋人为什么珍视你？同样请写出至少 5 条理由。
- 你职业生涯中最显著的 4 个成就是什么？你认为是什么品质帮助你取得这些成就？
- 你个人生活中最显著的 4 个成就是什么？你认为是什么品质帮助你取得这些成就？

就从这些基本工作开始打造你自己的独特卖点。先着手整理自己的强项和技能，只关注积极的方面，把它们写下来，整理出属于你自己的特点。

然后，坐下来静静地思考你最初写下的三个方面，直到把这几个方面融会贯通，为自己想一句醒目的宣传用语，可以用来向别人作自我介绍，同时也告诉自己是什么令你与众不同。

在工作中经常需要向其他人推介产品、项目或服务的人们都知道“电梯间演讲”（elevator pitch）的重要性。他们事先打好腹稿，当潜在客户说到“请你简单作个介绍”时能言之有物。“电梯间演讲”就是假设你在电梯里遇到了一位渴望很久的大客户，而你只有在电梯升降这短短一分半钟时间展开令人印象深刻的介绍。

试着为自己准备一个“电梯间演讲”，用最简练精妙的语言描述你自己。它就像你的两份简历，一份用于求职，一份用于求爱，每份简历都需要独特卖点。

在营建融洽的关系和说服他人之前，你首先应该有良好的自我感觉，这样你才会有足够的信心与人进行眼神交流，身体前倾，面带微笑，充满自信地交谈。

这就是独特卖点的魔力。**对自我的了解可以带来自信，自信带来姿态的**

改变，姿态的改变又引起身体化学物质的改善，前后相差只 10 分钟，你就有可能进入更理想的状态。这就同巧克力能影响大脑化学物质的变化，从而让我们拥有好心情一样，独特卖点也改变了我们的行为。这是打造完美自我形象的第一步，也许还是最重要的一步。当有人对你说“来谈谈你自己吧”，那时你再也不用局促不安、绞尽脑汁地找答案，因为答案已经了然于胸。

Q&A

读　者：有个同事令我极度不舒服。每当我在会议上发言时，她就把两手交叉在胸前摆出不合作的态度。我提问的时候，她就不停地挤眉弄眼。当我们在办公室沟通时，她又总是侵犯我的个人空间。我一直试着展现我权威的一面，可是面对这样难以相处的下属，我很难在其他人面前树立管理者的威信。

托尼娅：面对这样的困境，你必须采取措施。还记得高中时欺负别人的小混混吗，有些人永远没有长进。下一次当你的同事恣意侵犯你的个人空间，请你站直了，甚至向她逼近。拒绝被人挑衅，这是应对小混混式行径最有效的办法。

用你的目光与她交流，哪怕她正在挤眉弄眼。想一想你在会议上说话的方式，你是否运用了果断有力的语句，而不是被其他人的描述方式所左右？

在这一点上，你并不需要得到同事的认可；你只需要通过你的语言和行动表示你并不受她胁迫。请记住，我们的言行就是对外界发送的讯号，这些讯号会影响他人如何对待我们。改进你对外发送的讯号，然后你就能看到别人的改变。

第2章

用金口玉言打动人心

THE POWER OF WORDS

小布什的一句“税收减负”，
让共和党的形象在民众的眼中瞬时高大了许多；
员工向老板汇报时只是加了一句“无法想象”，
就让一毛不拔的老板马上为他升职加薪；
催眠师是如何运用几套不同的用语，
就能让听者进入深度睡眠，
如实回答她的问题？
……
语言，让你引领他人！

THE YES FACTOR

第1节

语言是情绪的种子

所有绝妙的主意对失败者来说都是糟糕的念头。把新颖的主意说给失败者听，验证他们不喜欢这个念头，总是觉得很有趣。（史考特·亚当斯）

曾经拥有过的 VS 二手货

价格公道 VS 廉价

半满的 VS 半空的

把圣诞驯鹿的红鼻子说成引导之光 VS 刺目之物

我们很快将知道总是沉湎于负面情绪的害处。思维架构是一种扭转局面或重新界定形势的方法，它能让我们更加积极地看待问题。

假设我和你在工作场所的餐厅会面，我对你说起办公室里有一幅贵重的油画。

“这幅画令人惊叹，”我说，“你一定要来看一看。”

“哇，”你回答道，“带我去看看吧。”

我们沿着大厅回到我的办公室。推开门的一刹那，你满怀期待。

“你看！”我指着办公室墙上那幅色彩艳丽的油画。

可是真正吸引你的并不是油画，而是那个画框。

“这幅画真美，是吧？”我问道，“你看到了吧？”

实际情况是，那幅画被嵌在一个又大又廉价而且毫无品位的塑料画框里。

此时你对这幅画是什么印象呢？我说这幅画很昂贵，还能令你信服吗？我们在向自己或别人传递信息的时候也会遇到同样的情况。**如果语言没有放置在很好的架构里，那么也很难得到应有的重视。**

在我们讨论交谈中的思维架构之前，我想先说一说我们是怎样从这种思维架构中得到帮助的，比如借助它来跑完马拉松全程、应聘、减肥，或实现其他目标。在我的字典里，思维架构就是一种心理态度、一种面貌和情绪。对思维重新界定则是改变你自己或者其他人对你所发生的事情的看法，它能改变信念以及事情的走向。举一个很好的例子，一场突如其来的暴风雨对举行婚礼的新娘和在旱季盼了很久的农夫来说就是两种完全不同的情形。这些都处在不同的思维架构或是情景之中。

当我在写作这本书的时候，我得了一场令人讨厌的感冒。我病倒了，一连几天都没能下床。

等我开始好转，我的好友兼文稿代理人来探望我。

“你觉得好点了吗？”她问。

我没有提那些难受的症状，但是承认生病确实很不好受。

“托尼娅，你会怎么来重新界定感冒对你的影响呢？”她问我。

我想了几分钟后回答她说，“哦，我成功减了 5 磅。”

当时我原本在懊恼好多天没能执笔写作，但是我对自己进行了思维的重新界定，构建出积极的情景。对于感冒的任何描述都是真实无疑的，也都会对我产生同样分量的影响。我所选择的思维框架很关键，有助于说服我自己，让我觉得感冒还是有好的一面。你在自身经历中也能这样说服自己。**改变思维架构，你便能改变事情的意义和价值。**我还能给出更多例子，比如：“我事情多得做也做不完”改成“现在的经济环境下我还能有这么一份好工作”；“我很担心被辞退”改成“不管结果怎样，现在正好可以去看看人才市场或是职业培训”。思维重新架构主要有重新架构情境和重新架构内容两种方式。

重新架构情境：改变情境，提高某一行为或事情的价值。

无用框架：我的老板什么都不清楚。那意味着我要多操很多心。

新框架：我的老板需要我来说明正在进行的工作，这使我在公司更有价值。

无用框架：你得像巫师一样精通数学才能在这个公司出人头地。

新框架：网上的数学课程可以帮助我在这间事务所更快升职。

重新架构内容：探求同一件事的其他意义。

无用框架：我的部门里三个人都没能接洽上那位客户。

新框架：我打算研究下怎样成为公司第一个与那个客户接洽的人。

无用框架：我老板真是个苛刻的上司。

新框架：现在的工作虽然很艰苦，但以后从事其他再艰难的工作我都可以胜任。

思维架构这个概念并不是我的发明。弗吉尼亚·萨提亚和米尔顿·埃瑞克森在他们的家庭疗法的著作中用到了这个概念。架构和重新架构都是神经语言程式学（*Neuro-Linguistic Programming*）（NLP）的组成部分。NLP 的共同创始人约翰·格兰德开发出了 6 个步骤来改变习惯和行为，而思维架构恰是获得认可的关键一步。**把恰当的措辞和非语言信号结合起来，你就可以避开人们的潜意识，对他们进行思维牵引，使他们对你说 Yes。**

单个词语就具有思维架构的能力，因为词语能够衍生出情感和观念。一个词组就能对人的潜意识播下影响的种子。加州大学伯克利分校的语言学家乔治·拉科夫教授曾讨论过布什总统如何用“税收减负”而不说“税收削减”，这正是一个非常完美的例证。布什在提及税收政策时，用“减负”这个词来代替“削减”，在拉科夫看来，这能令共和党在潜意识里把正在讨论的议题与道德层面联系起来。

“有减负，就表示存在负担和承受这种负担的团体。”拉科夫认为，提及负担和压力相当于在人们的潜意识里撒下了某种情绪的种子，于是不同政党都被赋予了截然不同的角色。能够缓解压力的政党就是英雄，而想要阻挠的政党便成为恶棍。为什么会这样？因为广大受众观念中早就有英雄、恶棍和受苦大众之分。

一个词语就这样改变了人们对减少征税的看法。减少税收不再是财政收入缩水，而是为贫困阶层带来解脱。用“减负”代替“削减”，通过一个小小的措辞上的改变，使共和党又向获得肯定迈进了一大步。正是这个出人意料的改变使这个议案最后得以通过。

用你自己的语言

让我们来做一些小练习，看看通过调整你对周遭生活的思维架构，你可以给自己的观念带来多大的影响。

◆ 你工作中最消极的是哪个方面？请把它写下来。想一想如何重新架构？请先在脑海中想一想，然后问问自己怎样能够把消极的一面转变成积极的一面？消极的方面有什么可能使你受益，而此前你并没有意识到这一点？

◆ 请写下一位质疑过你的客户或是同事的名字，你觉得你们之间存在什么问题？请写下来。然后把你认为的原因重新梳理一下，也请写下来。

◆ 回想一下你上一次渴望的某样东西，比如一笔销售订单、一次升职，但最后却是别人获得，想想那是什么原因导致的？是不是别人有着你不具备的资质？比如说更加洪亮的声音，更加进取的态度，甚至是态度比你更楚楚可怜？是什么令你迷失了自己的方向？

◆ 在事业方面，你下一个想要达成的目标是什么？请写下能够帮你实现目标的人名。重新思考一下，如果有必要的话，再考虑一下这个人为什么能够并愿意帮助你。

让你的语言更有说服力

重新架构不光能够帮助你改变自己对某个观点的看法，也能够借此影响你周围的人的看法。也许一开始他们对某事持否定态度，但是经过你的重新架构，他们的观点就会转变为支持态度。

首要的一点：把你的说服对象纳入重新架构的范围之内。在商务环境中，我们怎么进行重新架构呢？为了建立一种有说服力的框架，你必须认识到你想要说服的对象看重什么方面。举例来说，如果你是公司的骨干，想获得职务上的晋升，那么首先就是让你的上司认识到你的价值。

你的上司很可能让你说说自己要求升职的理由。当然，你需要准备好向他展示过去和现在你为公司所创造的价值。但是有一个问题你的上司并不会说出来，但却一直盘桓在脑中：将来你还可以为我带来什么价值？

这时候想象这一有效的思维架构正可以派上用场。

“哦！我经手的马奥尼项目非常艰巨，但终于办完了。”你可以这样表述，“拉尔夫说，他无法想象要是没有我该如何完成这个项目。”

我们来看看这么说的效果。这是一番耐人寻味的话，能让一毛不拔的老板假想到了作为得力助手的你一旦离去后的场景，更不用说由于你的离去而骤减的营业额了。你用“无法想象”这个词来暗示老板如果不升职，那么你很可能会离职。

在日常生活中，我们需要始终保持积极向上的思维架构，这能为我们的职业生涯和个人生活带来显著的回报。举个简单的例子，你的朋友向你抱怨自己儿子实在是太懒惰了，你可以进行重新架构并坦率地告诉你的朋友，她应该感恩，因为她有一个无拘无束、脾气随和的孩子。

你的另一半向你抱怨税负太高：“我简直不相信我们居然要付这么多税！”

你回答说：“亲爱的，这意味着我们今年赚了个盆满钵满呢。我宁可有去年那样的收入，多付一点税金，而不是入不敷出，被国税局打回我们的支票。”

案例直击

别让你的思维架构被驳回

在很多时候，我们想要把他人纳入自己的思维架构中，而不是被对方的观点反噬。对此请千万小心。从某种程度上来说，这就像是一场语言上的对抗：你的思维架构应对别人的思维架构。

在我的事业初期为一些权贵人物举行讲座时，我有过一次教训。当时在讲座现场，一屋子听众几乎都是年薪7位数以上的大人物，只有我和秘书两位女性。觉得忐忑不安吗？还好我没有，至少没有意识到自己的紧张情绪。我的演讲对象都是很杰出的人物，而我是第二次为他们进行演讲，因此我知道他们认为我的演讲是有价值的。

可是，就在第二次演讲那天，正当我在介绍某种商务情境下如何才能最有效地建立起适当的空间关系时，一位企业高管突然跳了起来。

“我不同意你刚才的观点，”他低沉有力地说，“而且我希望我的下属记住，在我们这行，一定要坚持我教他们的方式。”

我倒吸了一口气。

我临阵倒戈了。

“好吧，对这个行业你比我更有经验。”当这句话从我嘴里脱口而出时，我真希望能够有个倒退键。

他以他的行业资质来反驳我，而我居然任由自己被他的思维架构驳回。

如果我还能重新回应一遍的话，我会迅速站稳自己的立场，并且这么回复他：“我理解您的看法，并且在某些特定场合我也会产生跟您一样的想法。不过在我们刚才探讨的情况中，我认为最有效的方式还是……”即便是这样难堪的情况，我们也可以重新界定，换个角度来看：我可以把这看成是一次宝贵的经验，而不是觉得自己犯了一个巨大的错误。

我还可以给出另外一个例子：一家大型医疗保险公司穷于应付，不断要求取消投保的顾客。由于保险费用大幅上涨，不少顾客感到无力承担，其中一位正好是我的同事。这天他收到了保险公司要求增加保险费的信函，他旋即拨通了保险公司的免费热线电话。电话接通后转入了人工服务（转接的速度很快），我的这位同事向客服人员表明他的意图和失望。

“我要撤销我的保险单，”他这么说，“我无法承担你们最近一次的涨价。”

“您希望重新定制保险单吗？”不，我的同事想要的是撤销保单，但他还是听完了电话那头客服人员的推销。“不知您是否了解我们最新推出的新保险方案，”她接着推销说，“每月只需要不到 200 美元，您就可以立刻拥有一份更综合性的保险单，而且不用从头付起。”

“如果你们有比我现在更好的保险方案，为什么一开始不推荐给我呢？”我的同事问道。

“先生，当时我们还没有推出这项业务。”

那个时候当然是没有这项业务。这家足智多谋的公司是在经济下滑、客户无法再继续承受以前的保单支出后才制订出了新的保险方案。不仅如此，每一个要求撤销保单的电话都被转接到了电话销售人员那里，经他们一推销，撤销业务被重新架构成为新的保险业务。

这个策略奏效了。我的同事填写好了销售人员通过电子邮件发来的表格，然后回传给保险公司。他等了很久，没有收到回应，于是他又一次打电话过去。

“您的新保险业务已经受理，”销售代表告诉他，“我们一直在忙着办理这项新业务，以致文书工作还没来得及完成。”

文书工作被延迟，不是因为太多人要求撤销保单，而是太多人需要办理新业务，保险公司架构了应对撤销电话的方法。如果换了另外一家不善于应对的机构，可能就不会有这么成功的处理方式了。最后这家保险公司获得了新的保险订单，没有大量流失老客户。

在平时工作的各个方面，如果你能掌握这种重新架构互动的方法，你也能得到同样的回应。

语言能帮助人们消化信息，而有些语言更利于接受，**我们需要学会运用那些可以消除痛苦或是带动气氛的词语**。当你改变语言的架构，你就改变了自己输出的信息，进而改变了对方接收到的信息。

案例直击

你输出了怎样的信息？

我 10 岁的时候住在布鲁克林区，有一年夏天我邀请了几个好朋友来参加街区聚会。当我们在做体操运动的时候，我不小心把小女孩苏茜从肩后甩了出去。苏茜重重地摔倒在地，她的父母赶紧过来扶起她。想到这个可怜的小女孩可能受到的伤害，我忧心如焚，连忙让我的另一位朋友萨拉去探望苏茜的情况。

萨拉回来后告诉我苏茜的情况不太好，不得不送往医院，很可能会导致脑震荡。听到这个消息，我差点瘫倒，开始变得心神错乱。

萨拉看着我几乎崩溃，她对我说：“托尼娅，苏茜只是在摔下去的时候背上擦了个口子。这不是多么严重的事情。”

“什么？”我疑惑地追问，“我不明白。擦了个口子——那倒是没什么。可谁担心小伤口了，我是担心她的头怎么样？”

萨拉严肃地解释给我听，如果她一开始就告诉我苏茜的真实情况，我一定会因为令她摔倒出血而非常不安。“现在你是否觉得苏茜的擦伤没有那么严重了？”现在，相比起可能产生的严重后果，我是否稍微安心些了呢？年仅9岁的萨拉非常出色地调节了我的情绪。虽然我令苏茜受伤流血，我突然感觉很庆幸，毕竟没有酿成大祸。

永远奏效的皮格马利翁效应

皮格马利翁效应是一种自我实现抱负的预言，指的是抱有低期望值的人们往往表现差强人意，而抱有高期望的人们能够表现得更好。此外，人们的实践往往会符合他人的预料，不管是正面的还是负面的预料。

根据奥维德的故事，相传塞浦路斯王子皮格马利翁用象牙雕刻了一座他梦想中完美女性的雕像，名为伽拉泰亚。雕像一完成，他便立刻爱上了自己的作品，祈求爱神阿佛洛狄忒将这尊雕像变成活生生的人。爱神满足了他的愿望，皮格马利翁于是迎娶了伽拉泰亚为妻。从雕像变成梦寐以求的女人，皮格马利翁终于美梦成真。

我们都会对他人怀有期待。他们有的聪明，有的鲁钝，有的强势，也有的很懦弱。我们通过语言或者非语言的信号表达出我们的期待，他人也会通过调整自己的举动来符合这些期待。

让我们举一个工作方面的例子。先假设你是一个具有普通自尊程度的员工，你的经理并不怎么喜欢你，而你的感觉也证实了这个猜测。你在言行举止中所传达出的讯号进一步导致了她潜意识的回应，结果你的这位经理果然依着你假想中的态度来对待你，原因正是你不够明智的态度影响了这段人际关系的发展走向。我们相信，每一个人的行动都会与自己心中所想保持一致，甚至行动还会遵照个人的预料进行。换句话说，在我们发展人际交往的过程中，信念和期望起了很重要的作用，原因就在于你怎样看待人们对待你的态度，人们就会依照这种态度来对待你。

也许是受到成长经历的影响，我的一位好朋友一直容忍着男友对她的疏忽和怠慢。她是一个非常好的人，可她的男友只到她家吃些比萨、薯条权充约会，还会粗声粗气使唤她去买啤酒给他喝。后来她结识了一位新男友，约会的情况顿时改变了。

他送她鲜花，带她去餐厅用餐，简而言之，他给予她前所未有的尊重和体贴。有天晚上，我的朋友流着泪给我打电话。她情绪非常激动，只因为她的新男友为她打开车门，朋友说“就像你丈夫为你做的那样”。这在我看来平淡无奇的举动却对她意义非凡。这与她原来受到的待遇简直是天壤之别，从来没有人这样给予她受尊重的感觉。这一段交往改变了我的朋友，也改变了她对恋爱关系的期许，令她成为一个更好的人。

别让你的思维架构沉溺在别人的世界里。如果有人因为什么事情而迁怒于你，与其陷入她的负面情绪中（有的人就是故意要来找碴），不如试着用调整她思维构架的方法帮助她消除怒意，或是迫使她控制自己的脾气不迁怒于人。

多年前，在我曾经供职的金融机构，有位经理一遇到什么不顺心的事情就会立刻大发雷霆，这时要是在她周围 20 英尺内有人正好朝她的方向看了一眼，就会成为她发泄的活靶子。那时我们正好来了一位新主管，并不知道当“大脾气小姐”生气时最好低下脑袋这个“规矩”，新主管于是遭了殃。但是新主管既没有大声吼回去，也没有感到一蹶不振或是扭头就走（我很可能就会这样做），她直视着经理的脸颇为理解地说：“哇哦，刚才的会议竟让你如此心烦意乱。”然后她才施施然离开。新主管既没有为自己辩解，也没有争吵，却化解了当时的紧张气氛，令经理无计可施，而自己的情绪也不受困扰。她没有把来自经理的负面能量照单全收，相反，她毫不犹豫地把它们弹了回去。

政治家的花招

在政治范畴内，思维架构与重新界定这一手段总被不断地运用。尽管已有不少著作说明了措辞对重新架构环境的作用，但弗兰克·伦兹的《有效的语言》（*Words That Work*）和乔治·拉科夫的《不要想到大象》*(Don't Think of an Elephant)* 将这个理念阐述得最为完美。

伦兹认为有效的语言是优于政治或者商务的，他还给出了可以用于政治和商务方面的方法和观点来“锤炼语言”。他表明了一个无可辩驳的事实：不管你传达的信息多么有影响力，人们总会把这些信息放置在自己的实际情况中过滤一遍，从自己的角度对信息进行甄别。这意味着什么呢？这意味着每个人都用自己特有的方式对信息进行解读。当然，每个人如何理解你所说的话往往比你自己理解的更为现实。

伦兹非常擅长遣词用句，对于有些不大容易被大众接受的特定政策或理念，他可以通过词句来减少其受阻碍的程度。他能够改变人们对某个观念的印象，通过巧妙地下定义、采用更柔和的词汇来重新界定人们的印象。他具有独特的才能来对信息进行重新包装，用更易于接受的词汇和短语来推广同一个理念。例如，将“税收削减”改为“税收减负”，“利己主义”改为“派别选择”、“全球变暖”改为“气候变化”、“钻探石油”改为“能源开发”等。另一方面，他也能够对民主党的用词进行改头换面，使之对自身有利。比如说，房产税就被改称为遗产税。换句话说，伦兹根据实际情况的需求，为每个不同的情况选择最好或最差的词义。

拉科夫和伦兹都提供了重新界定的工具，能够把过时的不受欢迎的想法转变成具有划时代意义、符合潮流又广为接受的理念。伦兹擅长修改具体的遣词用句，而拉科夫擅长把某个议题修改得更接近别人的价值观念。

拉科夫对整个议题进行包装，比如他把税收称做是会费。拉科夫感觉共和党比民主党更会编排故事和采用有效的宣传用语。在他看来，共和党就好比严父型的家长，他们认为孩子生来就是顽劣的，无规矩不成方圆；而民主党则像循循善诱型的家长，他们能够与孩子产生共鸣，观点往往着眼于责任和进步的价值观。

拉科夫认为，我们对具体议题进行改良比仅靠修饰词汇要来得更为明智些。正如他多次提及的，共和党通过让民主党不断重复自己的用词，从而把民主党也带进自己的框架。举例来说，民主党如果受到共和党言辞上的影响，就会跟着使用“税收减负”这个词（相对于“税收削减”），如此一来便加强了共和党的语言架构，让这个词变得更有利也更容易为人接受。

也许每个政党都觉得对方只是把一件没什么大不了的事吹个天花乱坠。

重新架构的关注点

重新架构这一方式在任何情境下都非常有用，但最行之有效的还是在人际交往中，以及你自身思维架构中。下面这些练习可以帮助你关注需要进行重新架构的方面。

花一点时间想象一下，对于那些被取消的会面，对于不感兴趣的客户和同事，一旦你掌握了重新架构这些事情的方法，你就可以取得什么样的成果。写下最近你遇到的4次不成功的人际交往。你可以怎样重新架构，让它们更加积极有效？

回顾一下最近有什么交谈或者推销没有达到你的预期目的。当时你采用的是哪种交流架构？有没有发生什么改变？你的思维架构有没有被对方所影响？

现在你知道了应该怎样巧妙处理你所传递的信息，是时候进一步了解接收方情况了，也是时候超越照本宣科的交流风格了。

Q&A

读　者：我和丈夫时不时会发生非常激烈的争吵，然后几个小时都互不理睬。等我慢慢冷静下来，我会意识到这些争吵非常荒谬。为什么上一分钟我们还相亲相爱，下一分钟却如此憎恶对方？

托尼娅：当我们对某件事产生强烈感受的时候，我们对事件本身的关注往往会被抛到九霄云外，整个人都陷入某种情绪中，难以理智地进行沟通。这时应该及早意识到各种信号，防止自己进一步失控。我们可以花一点时间来调整自己。如果你在沟通中开始有了变化，你的丈夫也会随之调整自己的。

第2节

走进TA的潜意识

我喜欢倾听。在仔细聆听中我知晓了很多事情。而大多数人从来不去倾听。(欧内斯特·海明威)

身为一名催眠师，我知道要与客户建立精神沟通，一定要触及客户被催眠时神思恍惚的状态。为了能够让人听到并理解自己的诉求，我们也必须走进另一个人的世界——必须越过他的临界因素，抵达他的潜意识。

对方的沟通方式是什么

"乔治，你听见我说的话了吗？"

"你懂我的意思吗，蒂娜？"

"墨菲医生，你明白我的感受吗？"

对上面每一个问题，说话人都在期待乔治、蒂娜和墨菲医生做出同一个回答，那个回答就是：是的。如果这个说话人很有沟通技巧，她很可能已经修饰了自己的陈述，来应对谈话对象潜意识的讯号。想要对沟通产生影响，首先就是要识别出自己的谈话对象是怎样进行沟通的。

如果你还记得我们前面做过的有关柠檬的想象，回想一下当时的情形，你就能了解我指的表象系统是什么意思了。你会发现我说到了人类的五感。首先我让你想象我正递给你一个柠檬（视觉形象），然后我要求你感觉一下柠檬粗糙的表皮(肌肉运动知觉),紧接着我要你呼吸一口柠檬的芳香(嗅觉),然后听一听小刀切开表皮的声音（听觉)。最后，我请你用舌头舔一舔果肉(味觉)。这样你就形成了完整的印象，对不对？只是大多数人都不用这样的方式进行沟通。

当我们交流时，使用自己熟悉的语言会让人觉得比较自在，这也解释了为什么一些术语行话如此流行。不过，知道一个人的沟通方式，明白他或者她是怎样加工语言的，对建立融洽的关系还远远不够。

约翰·格兰德，这位神经语言程式学的创始人之一，偶然发现每一项表象系统在对待语言时都好像是经由某种官能处理过一样。格兰德和他的一位同事理查德·班德勒当时正在负责一个治疗组。在他们去治疗组的路上，班德勒提到一位病人曾经向他说过“我看到了你所说的内容”。这句话令格兰德陷入沉思。“让我们按照字面意思来理解。这就是说，人们把你所使用的词语图像化了？”等他们到了治疗的地方，他们灵光一闪，尝试使用一种全新的治疗措施。他们拿出了绿色、黄色和红色纸牌，要求大家分别说明他们来参加治疗的目的。那些提到感觉方面的词语的人们分到了黄色纸牌，提到与听觉有关词汇的人们分到了绿色纸牌，而提到视觉相关词汇的人们分到了红色纸牌。

随后他们让拿到相同颜色纸牌的人坐在一起，并交流5分钟。在后面一个环节，他们又请人们与持不同颜色纸牌的对象交谈。

格兰德和班德勒简直无法想象，两次交谈的差别竟会有如此之大：拿着相同颜色纸牌的人们交谈起来非常合拍——相比起不同颜色纸牌的交流对象,他们之间建立了更融洽的关系。表象系统中前三个主要官能发生了作用。

现在，这些参与者不光拥有两位聪明的沟通指导老师，还有一把用不同色彩分类的纸牌能为他们提供沟通便利。假设在一个相亲活动上，如果人们都可以在会场中寻找与自己的颜色纸牌匹配的对象，那可以带来多么不同的效果。但是，在实际生活中，我们还没有如此幸运，我们还需要倾听，需要解读我们的交谈对象所采用的表象系统。棘手的事情就在于，这些表象系统往往是潜意识的，谈话对象并不会开诚布公地说：“嘿，托尼娅，很高兴见到你。我是一个视觉主义者（或听觉、感觉主义者)。不如你行个方便，用我习惯的方式来交流吧，这样还能让我印象更深刻，好不好？”为了建立融洽的关系，我们恰恰需要在不知不觉间发掘这一层奥妙。

你的沟通方式是什么

有不少试验和小测试都宣称能够测出你倾向于运用哪种表象系统。我还在寻找可以更清楚明了的方式。比起回答其他人的问题，与自己对话或许可以告诉你更准确的结果。

在没有其他人吵闹的地方，找一张舒服的椅子坐下来独处一会儿。接下来，请你对着一台小录音机说一说你过去的经历或者是将来的设想。你可以说一下小学时候的一次小意外；可以聊一聊你第一天工作时的情况；可以讲一下自己下个礼拜、下个月甚至来年的打算。挑两个选题，然后用录音机录下来。这只是录给自己听的，所以不用担心你回忆过去时候怎么表述，也不用担心别人会如何看待你。记住，这不会被其他人听到。

录完以后，回放一下。每次当你听到与视觉相关的词就在记事本上做个 V 字记号，与听觉相关的词就在记事本上做个 A 字记号，同理，与运动知觉相关就做个 K 字记号。你可能需要把录音放 2 ～ 3 次，当记事本上有足够数量的字母，就可以做个简单计算，看代表哪种官能的字母出现频率最高。你主要使用与哪种官能相关的用语呢，视觉、听觉还是运动知觉？

你看到那些人们和建筑了吗？你听到他们在谈些什么了吗？又或者在那些情景中，你的感受是什么？

现在换用另外两种表象系统来复述一下你录音的内容。如果你首选的是与视觉官能相关的表述，请尝试着尽可能多地用与听觉和运动知觉相关的词。

你能轻松运用不怎么熟悉的表象系统来描述事物吗？你知道熟练运用这三种表象系统可以带来多少好处吗？你可以考虑一下每周进行一次这样的练习，用不同的表象系统说一说其他方面的事情。这样的实验方式可以帮助你鉴别出自己惯用的表象系统。不仅如此，这个实验还可以锻炼你灵活自如地适应其他人的表象系统。这一点非常重要，能让你自如地应对每个谈话对象的表象系统。这就相当于用一串词汇武装自己，帮助你更好地融入其他人的表象世界。

视觉传达者：我看见

■ *风　格*

这类人在脑海中看到描述的图像。他语速很快，总是保持很高的热情。

如果用一张饼形图来描述人们的交流风格，视觉传达占据了饼形图的绝大部分。有人认为，这主要是由于高度视觉化的社会造就了大量属于这类型的交流者。我无法确定视觉交流者是否如同他们所说的处于主流地位——据说这部分交流者的比率高达60%。有些人更愿意称自己属于视觉传达者而不是感觉传达者。抛开这个比率不说，视觉传达确实引领着一群交流者。他们喜爱色彩，并且在演说中使用与图形有关的描述性词语。这类型的人用眼睛观察这个世界。一旦你和视觉传达者交流，你会发现：他们交谈时为了搜寻需要的信息，会频繁地朝上瞥视。这是因为他们正在脑海中想象一幅画面。你的语言为他们描绘出了一幅图画，视觉官能运用得越多，与他们的交流就越融洽。视觉传达者说话的语速也很快，因为图像在脑海中往往一闪而过，他们的词语也需要紧紧跟上思维的运转。当你与视觉交流型的人谈话时，不妨时不时地抬高视线，这传递了一个潜意识信号——你的谈话对象会觉得你也是同一类型的人。

■ *视觉型用词*

你能描绘一下吗？

请想象一下。

这看起来不是那么回事。

这点是显而易见的。

我可以举例说明。

这个方案看起来是这样的。

我们的目标已经成功在望了。

这一点清晰透明。

你可以向我示范一下吗？

让我们仔细看一看这件事。

这是我们产品的实物演示。

看这里，我们可以向顾客提供很多。

见到你真开心。

想象一下我们可以怎么做。（没错，“想象”是一个视觉词汇，因为当你这么说的时候，你是要求其他人看一个画面。）

听觉传达者：我听见

风　格

自言自语，常常听出某些想法。

请再回到本章开头，读一读海明威的那段话。他属于哪一类型的传达者已经很明显了，对不对？

在视觉传达者一统天下的环境中，听觉传达者通过与声音有关的词进行表达。如果试着向一个听觉传达者用视觉词汇描述某件事，你很可能会遇上一些阻碍。你可以向她描绘一幅美丽的画面，但那并不令她信服；相反，你需要发送与听觉相关的信息。听觉传达者会用听觉相关的词语向你传递信息，因此他们也会（无意识的）要求你这么回应。

当你和别人去餐厅吃饭时，是不是有人抱怨那里的背景音乐太吵——可在他抱怨之前，你甚至都没注意到有背景音乐？又或者你是不是有这样一位同事，她可以听到隔壁工作间里别人正在窃窃私语？这两位很可能就属于听觉传达者。

我的一个朋友只要听一听他家孩子在看的卡通节目，就可以分辨出是哪些演员做的节目配音。虽然他的妻子，一位视觉传达者可以认出那些演员的脸，要她仅通过声音分辨却很困难。

听觉传达者对于声音更敏感，所以当他们盯着你的面孔时，可能并不是在关注你的长相。对他们来说，再吸引人的容貌也会影响他们的理解力。当听觉传达者想努力听懂你说的话时，他们往往会侧过身或是朝左右两边看。大体上说，他们在处理词语信息，而思维游离在图形信息之外。

我为顾客进行催眠的时候很轻松地就发现了这个差别。通常，我用来使视觉传达者放松身心的语句，对听觉传达者不是很奏效。经过一定的练习，我终于为听觉传达者制定了一套专属于他们的用语。当顾客向我描述他在梦境中看到了什么，我就知道他是一位视觉传达者，于是我就使用视觉官能方面的语句。当他不断望向左右两边，我就能知道他正在努力“听见”而不是“看见”，这时候我就会说如下的句子：“现在你能听到自己的心声。你听到自己正在讲述……”一旦我用听觉传达者熟悉的语言说话，就更容易避开他的临界思维，从而抵达他的潜意识深处。不仅如此，与听觉传达者交流时瞥视左右两侧也有助于建立更好的联系——这同样让你的交流者认为你们是相似类型的。

听觉型用词

或许我们需要把这份合同的行文说得柔和一点。

别打岔，听我说完好吗？

那听起来正是我要的。

听从我心里的安排。

我们不能把这件事传播给任何人。

那敲响了真相之门。

这响应了我们一直在谈论的一切。

我们马上就要宣布这件事。

你有听我说话吗？

我说不出上一次我们相聚是什么时候了。

我们都需要把自己的想法说出来。

那声音像音乐一样悦耳动听。

你的信息好比清脆的铃声。

这深深引起了我的共鸣。

感觉传达者：我感到

风　格

感性思考，感性表达。

感觉传达者是感性的。当涉及感情时，这类人往往频繁地低头往下看。跟上面两种情况一样，我们在作出结论之前需要进行一些评估。有些人在刚刚失恋的时候会因为伤心而低垂着头，这并不表示他是一个感觉传达者，这只是人性化的表现。

作为交流对象，感觉传达者在购物时会考虑买下这件产品后会有什么感受。就拿买车这件事来举例吧。

视觉传达者眼睛往上看，脑海里想象电视广告中汽车怎样从弯道疾驰而过。

听觉传达者眼睛看向一边，耳中似乎听到汽车驶过弯道的呼呼风声。

感觉传达者则会在脑海中体会驾驶那辆车的感受：暖融融的汽车加热座椅、平滑流畅的仪表盘、光可鉴人的材质。

我有个在一家医疗机构工作的朋友，总是乐于帮助她的同事和病人。她说工作不仅仅是为了糊口，她确实是真心实意这么认为的，所以她处处体现着她对待工作的责任心。

感觉传达者喜欢触摸物体，抚摸他人和自己。如果他们想买个东西，得先感受一下那样物品才行。如果他们是推销某种产品，也想让沟通对象感到亲近。

感觉传达者也很喜欢主动与他人进行接触。身体接触可以传达很多东西。我们越对自己感到满意，就越可能主动与别人身体接触。与前面几种情况相同，当我们与感觉传达者交流时，偶尔朝下看一下，暗示自己体会到了某种感觉，这对我们建立融洽和睦的关系大有裨益；另外，你可以伸出手轻触对方，这也能令感觉传达者再次确认你们是同一类。

感觉型用词

我觉得这没错。

你能领会这个概念吗？

你态度积极吗？

在展开之前，让我们先感受一下这个主题。

这是一个粗略的草稿。

这个计划非常公平和公正。

让我们保持冷静。

让我们来揭开这家公司的神秘面纱。

公司发展很稳定，我们的员工也很有经验。

这项工作很有挑战，完成后会很有成就感。

控制你自己。

我觉得会谈进行得不错。

我们靠近之前得先让它镇定下来。

你可以感受到这间屋子里热烈的气氛吗?

这个决定非常沉重。

嗅觉传达型和味觉传达型

它们并不属于交流的基本类型。你见过有人在交谈时完全使用与气味或口味相关词语的吗？不过，有时候我们也会听到人们这么说：

这桩生意谈得很臭。

那件事透着点不对劲的味道。

你咂摸出点什么味道来没有?

约翰是唯一一个有新鲜主意的人。

我喜欢咀嚼时那种感觉。

这个主意太甜蜜了，把我的牙都甜倒了。

别说得这么辛酸。

多么鲜活的故事情节。

别这么酸溜溜的了。

尽管嗅觉和味觉传达没有前三种表象系统那么重要，它们依然对人际关系很有帮助。在特定的交谈背景下，你可以灵活运用这两种官能来传达信息，就好比我们做菜时撒入一些盐，既可以增加鲜味，又不会喧宾夺主。

了解了味觉传达以后，让我们来看看下面这个实例：怎样在商务午餐中借助这两种次要传达方式来获得客户或同事的接纳。

让我们假设与你共进午餐的交谈对象是一位视觉传达者，名叫帕特里克。

你可以试着不经意地说："你的西南美式色拉味道怎么样？看起来可真是美味。"

在随后的交谈中，你可以进一步用味觉相关的词语强化你的信息：“如果一切进展顺利，帕特里克，一周以后，我们就可以再次坐在这里品尝成功的喜悦了。”

这就是语言的力量。只需要简单地改变你的措辞，你就可以更快地与他人建立良好的关系，让你们的相处更加惬意。

与你的听众进行眼神交流，这在面对众人演讲时具有不可思议的力量。做一些小手势，双手不要高举过肩膀，这样就不会显得你过分激动。

Q&A

读者：当我在许多人面前演说时，可以通过哪些肢体语言让自己显得更为自信？

托尼娅：在你准备开始说话前，慢慢地从10倒数到1，做个深呼吸。这样可以让你的大脑充满氧气，让心跳缓下来，确保你不会因为紧张而发抖，同时放松声带，确保声音不会因为紧张而过分尖利。身体不要向某一侧倾斜，双腿平均受力站好。与你的听众进行眼神交流，不只是扫视，还要与他们进行眼神交流，这能产生不可思议的作用。做一些小手势，双手不要高举过肩膀，这样就不会显得你过分激动（当然，如果你的演讲正需要兴高采烈的效果除外）。让你的双肩自然下垂。我曾经观察过许多演讲者，当他们紧张不安时，肩膀会不自觉地耸起，结果看起来像是没有脖子！切勿心烦意乱，除了演示文件的点击器外，手里不要总是捏着什么东西。

给你们的交流加点作料

关于表象系统最重要的一点是，表象系统都是交叉作用的。不要把任何个体看做是完全纯粹的某种类型，这样的交流就只会像根据数字编号涂色那样索然无味，生活会变得更加单调无趣。

当你与一位视觉传达者讨论某些与感觉有关的情况时，你会发现本是视觉型的他会有改变。在那个关于西南美式色拉的例子里，你也可以用与味觉相关的词句加深视觉型传达者的印象。

人们不是只有一种表象系统，也不固守于某一种表象系统。想一想，你是怎样实现表象系统的转换。当你进行这种转换时，你的眼睛会依照特定的模式转动，与你正使用的表象系统保持一致。假设你是一位视觉传达者，当听到我问你是否曾在刮胡子的时候刮伤自己，你这样回答我："当然刮伤过了。顺便说一句，这可真是一个傻问题，托尼娅。"

"不好意思，不过我真的很想知道你刮伤自己那次的情形。"

你的目光向右下方低垂，开始回想被刮伤时候的感觉。紧跟着，你的眼球朝左上方转动，这是你在心中描绘当时的画面。

为了能够走进另一个人的内心世界并得到他肯定的回应，你需要仔细观察对方的举动，而且一定要留意那些举动的先后次序。

Q&A

读者：我是一名医药销售代表，我很喜欢我的工作，也干得不错，可是区域经理珍妮就是不认可我，也迟迟不向公司管理层建议提拔我。

我非常确信她对我有成见。每次我们见面的时候，她都让我头皮发麻。一见她，我就把手撑在髋部。我能看得出来，她想离我越远越好。

珍妮说话时也是爱理不理的态度。更不能容忍的是，我的名字是梅琳达，她却总是把我的名字叫成梅利萨。请帮我改变这个情况，让我得到应得的升职。

托尼娅：你的感觉没错，这位经理确实是在潜意识地威胁你。你把手撑在髋部的时候，其实是把问题又复杂化了。这个动作带有进攻性，通常用来表示支配态度。父母低头看着不服管教的孩子的时候，就会做这样的动作。你难道想给你的区域经理形成这样的印象吗？

作为回应，她用“忘记”你的名字的方式来表达对你的消极抵制。不过，这一切还是可以进行改变的。首先你要做的就是改变你的肢体语言，放下你的防御姿势（也就是你的双手）。

引导 TA 顺着你的思路谈话

语言技巧是一个涵盖范围非常大的课题，除了以上较为明显的 3 种技巧以外，还有其他的对话框架可以帮你引导谈话对象顺着你的思路与你交谈。

肯定式对话框架

一个肯定式对话框架能够建立起融洽的关系，就如同连续的否定回答可以破坏它一样。正因为如此，我们需要在谈话中引导出一系列肯定式回应。肯定式对话框架可以建立起一种潜意识下的同意模式，让其他人不得不顺着你的思路进行。等到谈话对象由始至终表达了肯定意愿后，他会觉得改变对话方式是很别扭的事情。让我们举个例子来说明：

“嗨。你今天过得好吗？”

“是的，过得不错。”

“请问你叫什么名字？”

“我叫张小明。”

“是弓 — 长 — 张吗？”

“对，说的没错。”

“小明，今天的天气真好。”

"确实是个好天气。"

"挑这样的天来买敞篷车实在是太完美了。"

"可不是嘛。"

在这段对话中，你的目的是让对方始终给予你肯定的回应。大部分人一开始都会有不信任感，如果不是事先有所了解，常常就会说出拒绝的话。比如，"不，我不怎么感兴趣""不，我不相信那些""不，现在不用"。

请记住：你的谈话对象如果一开始就否定，那么接下来就一直受否定思维的影响。如果你能让别人肯定你说的话，那么很可能他就一直会顺着这样的肯定思维与你交流。你要做的是让谈话对象不由自主地同意你，时不时地点头认可，而不是对你摇头否认。

常理：语言伪装

肯定式对话框架形成以后，接下来便可说一些常理，即公认的事实。当你让谈话对象在交谈过程中形成肯定回答的节奏以后，你就可以悄悄引入这些常理（并不总是事实），把之前的肯定式对话框架夯得更加牢固，然后再夹杂一些相似的陈述。这些陈述实际上就是你的个人观点。你可以按这样的次序来说，事实、事实、观点、事实、事实、观点。这听起来与新闻报道很像，都是事实，但又是基于某种角度的事实。以求职面试为例。假设你正在与面试官对话。

"如果得到这份工作，我将在这个楼层工作吗？"你以尝试建立肯定式对话框架的方式提问。

"是的。"

"我今后主要是处理客户投诉，对吗？"

"对，起码一开始是做这些。"

这时你确定对方已经形成肯定回答的节奏，开始灌输一些事实。

"你知道，我上一份工作就是从事客户服务，我可以轻松想象出我在这家公司担任客服人员的情景。"

这句话中前两个陈述是真实的，第三个陈述则是你的看法，你把它们混合包装在一起，意图引出对方肯定的回应。在谈成生意或面试成功之前，你还需要一些预设来帮助。这种预设可以是很含蓄但管用的推论，也可以是能让对方当做真相接受的假设。

预设：把需要认可的回答隐在已知部分中

“我妯娌是全纽约最好的厨师。”你也许会与我争辩全纽约最好的厨师是谁，但你很可能会忽略另一条没那么明显的陈述，即我有一个妯娌，这意味着我已经结婚或是我有一个已婚兄弟。

当你竭力向一位已婚妇女推销某笔大生意时，你的预定意图是这样：“夫人，你今天无论如何得签了这份合同。”这是你关注的内容，但是你不能鲁莽地直说，这只会把那位女士赶跑。

你可以这样问：“您要等您丈夫来签字，还是由您全权处理？”听起来你是在征询由对方家庭的哪位成员来签字，而不是问对方买不买。

与预先假设同样有效的一点是，你应当尊重对方，不要穷追猛打，更不要操之过急。

> 我的一位朋友要拍一些宣传用的照片，请我推荐一些合适的人选。她向我说，她已经打电话去一家本地的摄影工作室询问费用情况。
>
> 接电话的那个人问道：“您想约在什么时候拍摄？”
>
> “我有一些问题想先了解一下。”我的朋友回答。她的意思是想问：“你们这里怎么收费？”
>
> “我们先为您预约好时间，然后再回答您的问题好了。您想预约早上，还是下午？”
>
> 这样的预设就太过唐突了。接电话的那个人还没有与我的朋友形成默契，也没有解答她的疑问，只是一心想要定下会面的时间。真正能发挥作用的心理预设要比这更加微妙含蓄。
>
> 我的另一位同事参加了一次会谈，洽谈咨询方面的业务。她的预定意图是：“我一定要签下这笔生意。”在会谈中，她先形成肯定

式对话框架并且抛出事实，最后这么问道："你看是否需要让你的律师再审一下合同，不然我就直接发给我这边的律师了。"

还记得在前面的章节里你已经打造了属于自己的卖点，这时候别忘了把独有卖点拿出来好好研究一下。它们其实就是你的基本意图。你已经很了解自己的情况，独有卖点可以帮助你更好地着眼于此。

抽象化词语：摆脱临界因素干扰

请读一读下面几个句子，并思考一下脑中形成的第一幅画面。

多么漂亮的女人。

多么漂亮的甜点。

多么漂亮的小狗。

漂亮是一个无限定的形容词。漂亮的女人可能有着一头金发，也可能黝黑健美；也许个子高挑，也许身材娇小；可以是玛丽莲·梦露，也可以是米歇尔·奥巴马。你想象中的苹果派没准在别人看来是一块焦糖布丁。你眼中的卷毛小狗也许在我看来是垂耳长毛犬。换句话说，脑海中的画面根据每个人的认知而有所差异。

当有人使用抽象化词语进行描述时，我们得多问一些问题才能深入了解那个词语的意思（漂亮就是这样一个词汇），这是因为这个词没有任何明确的意思。砖头就不是抽象化词语，砖头就是砖头，是具体的。对于一个在办公室工作了一整个星期的单身女性来说，宁静这个词也许会让她联想起烛光点点，做做瑜伽和冥想；而对一位家庭主妇来说，可能指的是把孩子送去学校后属于自己的片刻时光。

如果你曾经乘坐过游船，你就会发现：在游轮上，"短裤和无背带上装"、"汗衫和网球鞋"都可以认为是正装。而在办公室，"牛仔裤、板鞋"或是"中裤、人字拖"则只能是休闲日的着装。抽象化的词语让人琢磨不透，需要人们进一步思考才能形成自己对这个词语的理解。

奥巴马总统用“改变就是我们的信念”作为自己的宣传主旨，这就是一个非常出色的抽象化口号。改变和信念这两个词对不同的人都有不同的理解，不具体但又充满激情，让每一个听到的人心中都涌起不同的感受，而所有这些含义都是正面积极的。

当我们与人建立友好关系的时候，运用带有积极意味的抽象化词语可以让你的谈话对象深入思考。“哇哦，这里的氛围真是太友好了，我在这里一定会感到特别舒服自在。”

人们的思维在同一时间处理的事情是有限的。你的谈话内容将促使他或她对“友好”和“舒服自在”这两个词的深入理解，而你同时悄悄输入了一条指令：“得知我将在这样的氛围中工作，我感觉很高兴。”

你的谈话对象正忙着在他的头脑中为友好和舒服自在下定义，当他听到你说“感觉很高兴”，你的指令（“我得知自己将在这里工作”）就被不知不觉接受下来了。

反义疑问句

当我们想要让另一个人理解对话的内容，或是鼓励对方给予某个回答时，我们常常会运用反问句式。这种句式让你更容易得到别人的同意，因为如果他不同意你反问的内容，这就破坏了对谈的一致性。另外，反问句也可以作为肯定式对话框架的一部分来帮助人们形成默契。

> 这难道不行吗?
> 这难道不对吗?
> 这难道不是吗?
> 我们难道是这样做的吗?
> 难道它不是吗?
> 难道我们可以这样做吗?

在肯定陈述之后的反问句大多数时候都是否定的语气，而在否定陈述之后，我们需要加上肯定语气的反问句。

"这是一次盛大的会议（肯定陈述），不是吗（否定反问）？"

"在这个问题上我们的见解一致(肯定陈述)，不是吗(否定反问)？"

"你仍然不能确定那件事（否定陈述），你能确定（肯定反问）？"

"他们不会听我们的意见的(否定陈述)，难道他们会听(肯定反问)？"

一般说来，采用反问句式的人都是在人际交往中居于主导地位。不过顺从的一方同样也可以采用这种句式，反问句式如果使用得当，能发挥很大的作用。"今天是个出门的好天，难道不是吗？"我们要采用一种有力、自信、包容度广的方式把反问句式灵活运用起来。

现在你已经学会了怎样辨识和应对不同的交流风格，这些风格对我们增进默契至关重要，人们会自然而然与你相处融洽，而不会觉得你在刻意讨好。接下来我们要讨论的一个交流工具能帮助你开创成功的前景，我们把这称做"词启动"，你只需要一个简单的词来实现。

第3节

埋下积极的语言种子

舌头可以描绘眼睛看不到的景象。（中国谚语）

有活力的　有保障的　自信的　亲爱的　成功的

受尊重的　被欣赏的　积极的　胜利的　昌盛的

我刚为你准备了一份礼物，每天你都可以将这份礼物赠送给你的同事、客户和你所爱的人。这份礼物就是用积极肯定的信息给予他们动力，效果是立竿见影的。

能改变人们态度的“词启动效应”

词启动效应是激活某种特定观念联系的过程。词启动能深入触及用来存储信息的神经元。当某束神经元被激活，周围存储类似信息的神经元便会集中到意识心理的最前端。

啤酒广告会令我们联想起欢乐时光和性感魅力，其实我们渴望的并不是啤酒本身，而是畅饮啤酒那个场景唤起人们的美好感受。在学校里，老师用词启动方法来引导孩子记住一些招牌：金色的拱形（麦当劳）、两个D字母（唐纳滋甜甜圈）。这些词启动本意是为了孩子们能够学得更好。不过他们从中了解到了什么呢？麦当劳是一个休憩的去所？很值得去享受一下美味？听起来不怎么对劲吧，是不是？

词启动并不控制人们的思维，大多数词启动维持的时间也很短，今天说的话根本不可能持续作用到下个星期，只是通过词启动这个方法能够收到即时效果。

在不知道自己接受测试的情况下，纽约大学的一些学生被要求从一整列由5个词语组成的组合中选取一组，用其中四个词语造句。这些句子包含了一些词启动，令学生们想起老年期：皱纹、宾果游戏、健忘的、孤独的、佛罗里达州以及“年老”这个词。词启动的效果非常惊人，学生们离开时步履蹒跚，内心经受词启动后的外部特征都在学生们身上表现了出来。

这个发现告诉我们，人们对暗示的接受程度相当之高。在与同事、经理交流时选用的词汇可以改变他们的精神态度。这一点是讲得通的，所以就让我们来传递一些正面的信息吧。

哈罗德·凯利在1950年做过一项研究，他向学生介绍说有一位嘉宾将为大家讲课。在嘉宾到来之前，凯利向学生们分发了关于嘉宾的简短文字介绍。一半学生被告知“认识这位嘉宾的人觉得他是一个颇为冷漠但又勤奋的人，他为人挑剔、实际，意志力坚定”。另一半学生则被告知“认识这位嘉宾的人觉得他是一个非常热情而且勤奋的人，他为人挑剔、实际，意志力坚定”。接下来，学生们听了这位嘉宾的讲课。

词启动带来什么样的效果呢？被告知这位嘉宾为人热情的学生中，有56%的人乐于与他展开讨论。而且，与得知这位嘉宾为人冷漠的学生相比，前者认为他更为礼貌周到、有人情味。

为自己做个交际启动准备

让自己的同伴来帮你向素不相识的人做个词启动。你需要亮出自己的特色。如果希望向人们展现你充满热情、好玩爱笑的积极面，你的同伴可以这么说：“等下你们就知道她有多么热情洋溢了。她绝对是一个非常有激情的人。”

作为回报，你同样也可以向初次见面的人介绍你的同伴。这像一颗语言的种子，可以让你和你的同伴给人留下积极的印象，建立良好的人际关系。

情景启动效应

词启动通常是指通过词语来影响个人的一种方式。尽管如此，特定的环境也能作为一种启动。换句话说，当你来到某个特定的地方，你会产生相关的联系，而这种联系对置身在那个地方的其他人也同样适用，哪怕他们自己都还没有意识到这一点。这样的联想会根据环境的不同而变化，在夜间的小酒吧、图书馆、教堂，以及政治集会上产生的联系各有不同。你需要事先了解当其他人置身某种环境时会产生什么样的联想，以及带来何种情绪——内向也好，孤僻也罢，种种情绪反应都应考虑在内。

虚假记忆

如果你不能相信自己的记忆力，那还有什么可以相信？你肯定不会相信那些可能会利用记忆做手脚的人。洛夫特斯和帕尔默做过一个实验，探讨语言如何改变人们对某个事件的记忆。他们通过实验证实，认知具有无比强大的力量。这个实验分为两组进行，实验对象先观看一段交通事故的录像，然后回答有关录像片段的问题。当被问及两车“相撞”时的车速，一组实验对象估计汽车时速为 34 英里；另一组实验对象在被问及两车“撞毁”的车速时认为,时速达到 40.5 英里。从字面上来看,“撞毁”代表的程度要比“相撞”更严重。

一个星期后，同一批实验对象继续回答问题：“你见到现场有碎玻璃了吗？”给出肯定答案的人群中，当初听到“撞毁”这个词的实验对象比另一组多出两倍，而录像片段中其实并没有出现碎玻璃。

在另一个实验里，研究人员发现经过伪造的录像证据会戏剧性地影响人们对事件的认识。在实验中，志愿者进行一场计算机控制的赌博游戏，每个人事先都有一堆游戏币用来赌博，并且他们还各分到一堆游戏币作为银行存款。研究人员准备了一段被篡改的录像片段，看起来就好像志愿者身边的人没有把赢来的钱归入银行存款。1/3 的志愿者被告知他们身边坐着的人有作弊嫌疑，另外 1/3 的志愿者被告知他们身边坐着的人被监控摄像头拍到作弊镜头；余下的 1/3 的志愿者观看了这段做过手脚的录像带。研究人员接着请那些认为自己目击到作弊情况的志愿者在文件上签字。

将近 40% 看过录像片段的志愿者签署了文件，当研究人员又问了一次的时候，又有 10% 看过录像的志愿者签字了。那些被告知拍到作弊镜头，但没有实际看到录像带的志愿者，只有 10% 的人签字。而那些仅仅被告知身边人有作弊嫌疑，只有 5% 的人签了字。

虽然我们都知道修改数码图像是轻而易举的事情，但数码图像还是有这么大的影响力，可以让人们为他们从来没有亲眼看见的事情签字作证。

说到眼见为实，我也曾经目睹过虚假记忆带来的令人震惊的结果。我邻居的儿子去上幼儿园，他的妈妈则在家照看小妹妹。当她的儿子抱怨妹妹可以有妈妈的陪伴，而自己却得去上学时，他妈妈这样告诉他："哦，你的小妹妹也要去上幼儿园的。"

我的邻居撒了一个善意的小谎。每天当他们驾车路过一所初中校园时，他妈妈就把这里称做"妹妹的幼儿园"。她还提起妹妹有位梳着长辫子的和蔼可亲的老师。于是，小男孩高高兴兴去上学了，慢慢地，大家就不再提起那间想象中的幼儿园了，至少妈妈以为他们都忘记这回事了。

当小男孩升入初中的时候，他疑惑不解地问妈妈："这里不是洛丽的幼儿园吗？"

"亲爱的，洛丽其实没有去上幼儿园。"他妈妈向儿子坦白了，"我们这没有别的幼儿园。小时候你不高兴妈妈在家带妹妹，所以才对你这么说的。"

"这不可能。"洛丽叫起来，"我上过那个幼儿园，妈妈。还记得那位对我非常好的老师吗，留着长辫子的那个？我还在那里庆祝过生日呢。"

虽然并不是故意的，我的邻居还是让她的女儿产生了虚假记忆。这是多么可怕的一件事。请记住，当人们想要控制你或是控制你对某个场景的记忆时，虚假记忆是一个很有力的工具。

接下来我要说一个小例子，是我最喜欢引用的关于词启动的例子，这还是我的孩子们教给我的。(我的孩子们来教我影响他人的方法。)

先把“丝绸（silk）”这个词念五遍

silk、silk、silk、silk、silk。

接下来把“silk”这个单词拼读一遍。

s-i-l-k。

快速回答我要喝什么？

答案是“水”（water），你回答正确了吗？有没有因为 milk（牛奶）与 silk 这两个词的发音相似，于是脱口而出“milk”？

做标记

做标记这个简单的技巧可以帮助别人发挥自己的能力，并挖掘出其潜能。你可以把其他人的优点或者特长作为他的标记，然后请求他做一件会用到这个标记的事情。在工作中，很多职员（包括经理）不看好自己的写作水平。当某个人写了令人印象深刻的报告或是便条，通过赞扬他的文笔，你可以给他贴上“笔杆子”这样一个标记。这样，当你要求他帮你起草一份文件的时候，他就不会质疑自己的写作能力，并能为你写出高质量的文章。

批评有时候会阻碍我们的成长。如果你对你的同事说：“香农，看得出来你没多少发言经验。伙计，你也太紧张了。”这么一说，她可能会因为害怕出丑而裹足不前。换一个说法，试着表扬她一到两点可取之处，到下一个发言机会的时候就可以这么要求她：“香农，你来主持今天的讨论，好吗？”

美感的启动效应

词启动也可以不使用语言表达。事实上，美国心理学会的《情感》（*Emotion*）杂志上就刊登了三项实验结果，是关于人们对美的偏好。

第一个实验测试的是“美能迅速被评估”这个概念。参加实验的人为电脑屏幕上显示的普通人的照片评分。这些照片出自 3 所不同高中的年刊，还有一些照片来自网络。尽管那些实验者都表示看不清楚照片上人的面孔，只是花不到一秒的时间大致瞄一眼，但还是为每张面孔的美丽与否打出了精确的分数。他们有能力对美作出潜意识的评判。

研究人员也探讨了在这种启动效应的影响下，人们见到好看的相貌后会不会更容易把好长相与好品行联系起来。这一次，他们先在电脑上显示出一张人像照片，紧跟着用黑底白字显示了一个词语。他们要求实验对象不用考虑人像照片，只要区分词语是褒义还是贬义，同时进行计时。结果几乎是如出一辙的相似，这些实验对象在看过好看的人像照片后，分辨“欢笑”和“幸福”这类褒义词的时间加快了很多。

研究人员又用别墅照片重复了一次实验过程，想测试一下人们对美的感应是一个常规现象，还是仅仅限于人际交往方面的刺激。与使用人像的结果不同，当实验对象看过豪华别墅的照片后，对褒义词的反应时间并没有加快。看来，人们仅仅因人物的美感而迷惑。

针对未来医生的启动效应

现在你已经了解词启动产生的微妙效应能够左右人们的想法。在《内科医学档案》（*Archives of Internal Medicine*）上发表的一篇文章指出，医药公司实际上借着派送印有药品名称的免费记事本、圆珠笔、笔记板、日历，对医学院学生产生潜移默化的影响。人们进行了一项研究，关注这类赠品对三组医学院学生的影响。第一组由 154 名宾夕法尼亚大学医学院的学生组成。医学院有个规定，禁止收受制药公司提供的大部分免费礼品、样品和食品。第二组成员是 198 名迈阿密大学米勒医学院的学生，不反对普通市场推广派送的促销产品。研究人员请学生们把药物品牌名称和他们认为的药物属性配对。

通过记录学生们反应时间上的差别，研究人员能够测出学生们对待药品的潜意识态度。学生们还填写了一份问卷，内容是要求学生回答斯伐他汀（Zocor）和立普妥 (Lipitor) 这两种降低胆固醇的药品哪一种在安全性、效用、便利这三个方面更为优越。参加作答的学生并不知道他们收到的立普妥笔记板和其他小东西与这次研究有什么关联。

第三组成员是受控制的一组，由 171 位从未收过药物推广品的学生组成。结果表明，接受了免费赠品的迈阿密大学医学院的学生对立普妥这一药品的偏爱度最高，来自宾夕法尼亚医学院的四年级学生（他们被禁止接受药品公司的免费赠品）对立普妥的偏爱度比第三组受控制的学生还要低。

我们需要意识到自己是否受了词启动效应的影响。当有人向你介绍一位出类拔萃的人时，你要明白自己应该怎样应对。弄清楚这个人是不是真的非常出色，还是被那个完美介绍影响，令你相信他非常出色。

不同的环境也需要不同的启动方式。有些是视觉性启动，比如在汽车销售人员的办公室里放上一封感谢信就比最佳推销员奖更意味深长。不过，最佳客户服务奖同样也能发挥积极的视觉启动效应，此外还有少年棒球联盟 (Little League)、大哥哥大姐姐 (Big Brother Big Sister) 这类服务行业给予的表扬和感谢函。这些都能让大家觉得这位生意人为人不错。当我第一次拜访我的脊椎按摩医生时，我就注意到在她办公室里放着不少过去和当前病人的来信，他们并不连名带姓地称呼，而是亲昵地叫她的名字。尽管我知道写信人这么称呼是想拉近距离，我还是觉得自己来找这位医生是一个不错的决定。与来之前相比，这些视觉性启动让我感到这位医生更加亲切。

不少研究发现，人们常常与他们的结婚对象有着相近的名字，不管是名也好姓也好，或是两者都有。我们常常被共性吸引。在某项研究中，参与者容易被那些实验编号与自己出生日期一致，或是姓氏首字母跟自己一样的人吸引。他们还对那些球衣号码跟自己相配的人更感兴趣。

如果我们看一看全美国牙医（dentist）的名字，丹尼斯（Dennis）在常用名中排第四，你觉得这都是巧合吗？人们到底会不会因为某种职业与自己的名字相似而被吸引呢？

Q&A

读者：有没有什么方法可以帮助人们改正说话语速过快的毛病？而且，当我跟别人说话时，还会经常打断他们来发表自己的看法。这样一来，每次当我试着跟人交往的时候都觉得自己很粗俗，没有礼貌。

托尼娅：我有一些方法可以让你放慢速度。最重要的一点是要有自我意识。在每次交流之前，提醒自己不要犯讲话太快的毛病，要有意识地放慢速度。多做几次深呼吸，这样可以放松自己。当你一个人独处的时候，不妨练习一下用缓慢的速度讲话。勤于练习可以让你做得更好。

案例直击

如何让人变得诚实守信

人们在被人注意的时候会格外诚实，哪怕注视他的那双眼睛并不是真的。纽卡斯尔大学的3位心理学教授在心理学系的茶水间进行了一项实验。在这个茶水间，系里的同事和学生自助冲泡咖啡和茶水，只需要留下一定的费用，一杯咖啡55美分，一杯茶30美分。在10个星期的实验中，教授把两幅不同图案的海报交替贴在茶水间里，一幅是鲜花图案，另一幅则是一只空洞的眼睛——仿佛正注视着这个小区域。在张贴眼睛海报的那个星期，茶水收入是使用鲜花海报时期的2.76倍。

还有一个类似的实验。在万圣节期间，研究人员在房屋外放置了一面镜子，告诉孩子们每人只可以拿一块糖果，这样就会有更多的人分享到糖果。当背后的镜子印出孩子们的身影时，每个孩子都很听话只拿一块糖果。研究人员事先暗示孩子要诚实守信，还是有8%的小孩拿了不止一块糖果，而当镜子拿掉以后，有33%的孩子表现得不够诚实。

交际启动并不只是对你想要说服的人阿谀奉承一番那么简单，而是作好准备，使自己处于良好的状态，从而向你的交流对象展现最完美的一面。使用积极有效的词启动，你可以把交流往肯定的方向引导。避免消极的启动效应，你也就避免了对自己或者他人的负面看法。

下一章，我们将了解一种非常有效的方式，能把语言和非语言技巧结合使用。你也能学会怎样运用镜像法来引领其他人。

第4节

神奇的“镜像效应”

生活，就像一面镜子，你投入多少，它就不偏不倚显现多少。（佚　名）

在工作间隙，你和同事坐在一起，一边享用咖啡，一边开心地交谈，一点都不觉得沉闷。这时他伸出手，捂住嘴巴，打了一个大大的哈欠。呵——哈——你也跟着打了个哈欠。如果这时候还有人与你们一起喝咖啡聊天，很可能他也会跟着打一个哈欠。

事实上，当你读到这段文字的时候，你也许也不由自主打起哈欠了吧。

我还可以举一个例子。

假设你的一位同事或好朋友临时接到任务，要向一群顾客做演讲。由于没有充分准备，在演讲时他彻底不知所措。他的声音越来越低，双手微微发抖，一举一动都变得非常僵硬，即使是坐在会议室最后面一排的你也感受到了他的紧张。就在这个时候，你也仿佛回到了自己第一次进行公开演讲的时刻，你的状态也变得糟糕起来。

你就这样端坐着，坚持听完这个让人痛苦的演讲，与同事每一句磕磕巴巴的话，每一个发错的音较着劲，希望他能够出现改进。同事依然紧张，额头上冒出了细密的汗珠，脸涨得通红。这时你发现自己也满脸通红，脸颊已经热得发烫。

为什么我们会做一样的动作

当你不自觉地打起哈欠，或像同事那样紧张不安，其实是你的镜像神经元正在发生作用。

人类的镜像神经元被认为是通感的根源，它属于运动神经元，即控制肌肉运动的那部分神经细胞。广义上说，就是指你的身体是如何移动的。它们的存在对人类至关重要。从进化的角度来说，人与人之间生来就是相互联系的，而镜像神经元就是这种联系与生俱来的召唤。镜像神经元存在于灵长类动物和人类身上。这些细胞最令人惊奇的地方就在于，它们让我们不仅是在做动作的时候产生反应，甚至当我们看到、听到或仅仅是想到别人将要做什么动作，我们都能相应地做出互动。确切地说，镜像神经元让我们切身感受到那个动作。

家庭成员采用同一个姿势。

如果你曾经感觉自己陷入某部电影的惊悚场景，或曾在观看贺曼（Hallmark）公司制作的广告时落泪，那么你就体验过镜像神经元的威力。甚至连电视台都在节目后期中加入笑声，借助镜像神经元的功能，引得观众在家里观看节目时捧腹大笑。这是因为发笑和脸红一样，都是有传染性的。处于右侧顶岛盖的镜像神经元能够感应其他人的行动，再帮助我们与这些行动保持同步。

1996年，帕尔马大学的研究员贾科莫·里佐拉蒂和维托里奥·加莱塞精确阐述了这种在过去不为人知的脑细胞。神经学家莱亚努尔·S. 拉马钱德兰以其对幻觉、孤独症和伴生感觉的研究闻名于世，他认为，镜像神经元的发现可说是“近十年来最重要的发现”。不仅如此，他还预测“镜像神经元之于心理学的意义就如同DNA之于生物学一样重要：它提供了人们今后进行研究的基础框架，还将帮助人们解释许多迄今为止仍然神秘的心智功能”。

当我们努力说服别人，想得到别人肯定的回应之前，可以从这个发现中得到什么启示呢？那就是，人类大脑既然可以在潜意识中驱使自己重复另一个人的动作，那么也就可以有意识地去这么做。这样做对人们建立和睦友好的关系非常重要，而和睦的关系又能加强人们互相之间的信任感。其中的奥秘是什么呢？我们知道，人类可以是非常简单的生物，我们像小孩子一样，最喜欢与我们一样的人相处。所以，**用镜像法重复其他人的举动，就像是在告诉别人：你和他们是一样的**。于是，别人也会下意识地信任你。

我们在生活中常常会不知不觉地模仿别人的举动。我有一个好朋友，当他跟人交谈时，总能立刻捕捉到对方细微的口音，并把这种口音借为己用。一开始，我猜测他可能是有意为之，然而随着时间的推移，我开始意识到：这其实是他潜意识里与人交好的方式。不管是何种口音，他总能在很短的时间里掌握，再含蓄地加以运用，刚好让他的交谈对象觉得恰如其分的亲切。

一般来说，相处愉快的人们之间会自然发生镜像效应，但有时候并不投缘的人之间也会有这种情况产生。由此可见，镜像效应相当于人类的第二天性。当人们有的放矢地运用镜像效应来建立友好关系时，所产生的效果就像是有种魔力。我初次尝试运用镜像效应就对此惊叹不已。

初次接触镜像效应这个概念的时候，我以为很普通：只不过是配合其他人的行为来建立一种潜意识上的关联。直到我亲自尝试以后，我才领会到语言和非语言的镜像效应是多么神奇。那一次，我原本只是想试验下是否真有其事。当然，我还不至于拿自己的老板和客户来练手。我想你也明白，要练习使用这些技巧，最好不要太过火，尤其别拿与工作相关的事情做冒险。

> 我在和同伴吃午餐的时候进行了这个小尝试。同伴与我关系很亲密，就算这个尝试失败也无关大碍。吃饭时，同伴向我描绘了一些事情，我跟上她的思路，也用视觉型词语与她交谈。我们谈笑风生，说着笑话，同情她遇到了难缠的顾客。我注意到她的呼吸很轻快，我也随即调节自己的呼吸节奏。我暗暗观察她的姿态，当她坐姿很放松，我也放松自己的姿势；当她做出朝下的姿势，我也依葫芦画瓢；她展露微笑，我也同样微笑；她扬起右手，我也相应抬起左手。镜像效应果真发生了！

为了证明我这个假设，我想试试看她会不会下意识模仿我的动作。你要知道，当镜像效应完全生效，你的目标对象会下意识地做出和你一样的动作。没有任何前兆，我拿起了餐桌上的一支笔，我的同伴立刻拿起了她的叉子。这一刻的情形，就是摇摆不定的局面朝着认可的方向转变。其实，她没有拿起那把叉子之前，我就知道自己已经影响到她了。她有一个细微的抬手动作说明了一切。在我刻意引导下，我们的动作一致了。用一个更为专业的名词，这被称做引导，也就是令目标对象——你想要说服的人跟上你的动作的过程。一旦她这么做了，你就可以确信你们之间已经营造出和谐的氛围，让你离她的认可更近一步。

我相信你一定看到效果了，我们来做个总结：

首先，在我和同伴进行语言交流时，我配合使用她习惯的表象系统：她提到了一些视觉型词汇，我也用视觉型词汇回答她。然后，我同情她遇到的烦心事，比如那个让人讨厌的顾客。最后，我时不时学着她的动作，当她坐直身体，我也让自己坐直。

瞧，多么和谐的沟通。

老师和学生正在做镜像动作。

默契的身体语言

现在，让我们开始从镜像模仿升级到引导，再由引导实现最终肯定。我们将从肢体动作过渡到面部表情、呼吸、声音和眨眼，最后学习怎样把语言也应用到镜像效应之中。在我们开始之前，你一定要了解重要的一点，镜像效应并不是指单纯地对另一个人进行复制模仿。一旦别人察觉到你在见样学样，那这个尝试就失败了。

第一步：肢体动作

肢体动作是最先能观察到的部分，因此我们从肢体动作开始。与你聊天的人频频使用手势吗？你也可以多用用手部动作。是朝上的手势，还是朝下的手势？这两者是截然不同的。他交叉双腿，你也这么做；她捋平头发，那你也可以用手指梳理一下；她在表明某个重要观点的时候略偏过头，你也可以把头偏过去，边点头边同意。但是要注意，你的动作必须轻柔自然，毕竟你是希望让镜像效应作用于对方的潜意识，而不是惹人注意。如果你做得过火，那就会把注意力都引到你的动作上，令你看起来像个疯狂的追踪者。

交叉映现 (Cross-mirroring) 没有肢体动作的模仿那么明显，你不用完全照搬对方的一举一动。比如，对方用脚打拍子，你可以用手指；她把玩自己的长发，你可以推一推自己的眼镜。另外一个方法是，把你的交谈对象看做是镜子里的自己，她耸耸左边的肩膀，你就耸耸右肩膀。

第二步：面部表情

人类拥有5块核心表情肌，这5块表情肌控制脸部，形成一组组标准表情。不过，就像前文提到的，保罗·埃克曼发现其实有43块面部肌肉与表情相关，通过组合能够显露出许多不同的神情。

我们都知道笑容非常具有感染力，这也可以解释为什么人们更容易被开朗的人吸引。当别人冲你露齿而笑的时候，你也试着回报一个笑容，不过千万别皮笑肉不笑，你要充当的是镜子的角色，而不是哑剧演员。

除了注意观察别人的动作，你还要尽力感受她的心情。如果你想要说服的对象神情很严肃，你也需要严肃对待。如果她情绪低落或正在生气，你也应皱起眉头流露出挫败的表情或者出于愤怒而大声喘气。如果你的谈话对象正在对某个事情困惑不解呢？你也可以侧着头，露出苦苦思索的样子。这么做的目的是达到面部表情的一致。

这么做不是为了加重别人的沮丧和气恼，而是为了与她有所关联，把她引入你的思维架构中。你已经学过怎样对事情进行重新界定，要实现这一步，让别人进入你的思维架构，就需要默契和信任。

比如，当她向你抱怨："你相信吗，我在来的路上竟然堵塞了20分钟，我简直要气疯了。”

你应当这样回答她：“堵上 20 分钟！现在的道路交通实在太差了。”

你千万别说：“我很抱歉听到这个消息。现在我们还是来看看这个大合同吧，希望你把这签了。”

不过，如果你催得太紧，对方也可能会出现一丝犹豫。咬住下唇就是一个犹豫信号。想一想，你是不是让她感到不自然了？她是不是在你说话的时候咬住下唇？如果是这样，那说明你们还没有进入一致状态，你忽略了她本身的思维架构。有部分镜像效应已经捕捉到她微妙的情绪波动，你需要慢慢转换话题，把她带入更好的思维架构中。

第三步：呼吸

身为一名催眠师，我深深知道，没有什么比调和一致的呼吸更能帮助人们建立默契的了。群体催眠的成功正是来源于同步的呼吸。当我对人数较多的群体进行催眠时，我通常会要求他们：“当我数到三，请每个人都深吸一口气。好，保持吸气状态，现在呼气。”如此这般，重复 6 ~ 7 次，人们的呼吸节奏就被调整一致了。每个人都可以感觉（当然也聆听到）周围其他人的呼吸。不知不觉间，他们反反复复听着别人的呼吸声，自己的呼吸节奏也与之同步，从而进入更加恍惚昏睡的状态。

还有一个小诀窍可供你在排队买咖啡的时候练习。你需要用目标对象的呼吸方式作为基准。当人们精神紧张，呼吸速度会加快，所以你可以先调整几分钟，然后才开始同步呼吸。注意观察目标对象的肩部起伏，是呼吸轻浅，还是粗重？呼吸频率是急促，还是平缓？你只需要配合对方呼吸的深度和频率，不用减少自己的氧气摄入量。这个小方法非常简便，但是呼吸同步确实极大地促成了人们的交往。

第四步：声音

在面对面的人际交往中，语音、语调和语速对建立友好关系十分重要，而在电话联系时尤其重要。性格外向、支配型的人通常比其他人的嗓门更大，但是暂且忽视自己的音量，通过调整语调来适应他人。

如果对方声音轻柔，那么就略微压低自己的嗓音。如果对方声音抑扬顿挫，那么你也要试着让自己的音调高低起伏；说话不紧不慢的人与说话好像连珠炮的人交流起来，往往觉得很难建立默契。反过来，语速快的人也很难适应慢条斯理的对话。

我们需要学会侧耳倾听别人说话的节律，然后再开始发挥镜像效应。

第五步：眨眼

人们眨眼睛的频率显露很多个人的特性，它是一把通往思维的钥匙，也是另一个可以供你镜像同步的小动作。一项研究显示，在 1996 年总统竞选电视辩论中，共和党候选人鲍勃·多尔平均每分钟眨眼 147 次，是正常频率的数倍。总统比尔·克林顿平均每分钟眨眼 99 次，但是被问到青少年吸毒人数增加这一敏感的社会话题时，克林顿的眨眼频率飙升到每分钟 117 次。

我想，这时你可能会说："托尼娅，我又要忙着跟上对方的呼吸，又要数着他每分钟眨眼的次数，只怕最后我对别人说的内容无法顾及了。"对于这个问题，我的建议是：慢慢来。罗马不是一天建成的，谁也不会一夜之间成为社交大师。别急着留意眨眼这些细节，先从前面所说的四个步骤开始。当你对前面四个步骤运用自如的时候，大致了解你的说服对象也就不难了。然后，你就可以进一步留意他的眨眼频率。

首先，你需要估计一下对方眨眼的次数。一般来说，人们每分钟眨眼次数维持在 8 ～ 12 次。在这种理想情况下，你只需要让自己与对方眨眼频率保持一致就行。如果他每分钟只眨 3 次，而你每分钟眨眼 10 次，那么你需要放慢速度，如果对方一分钟眨眼 10 次而你只有 3 次，那么你就加快速度。

听到这里，你可能会长叹一口气，说："托尼娅，我已经说过我没工夫去数别人一分钟眨眼多少次。"

现在你刚刚接触这个技巧，你可能还办不到，但是你可以从简单的入手，先观察对方眨眼频率是过高、正常，还是过低，能判断出这个就足够了。你要做的只是尽量让自己与他的频率保持一致，不需要非常精确，毕竟不是为了挤眉弄眼。

当你能够熟练掌握这五个步骤，你就可以进入下一步引导过程了。当我与同事共进午餐，看到她受我影响而拿起餐叉时，我就是这么做的。当我证实这个技巧确实有效，自己果然能够做到的那一刻，我的心里是多么高兴啊！要做到这一切，只需要不断的练习，以及最重要的一点——注意观察。

运用镜像效应模仿对方几分钟后，你可以打破那种潜在的同步，做出一个新的动作，例如像我上次那样拾起笔，或者摸一下头发。如果你的谈话对象跟着做了类似的动作，你就知道自己不再是镜像模仿状态，而是开始引导了。你在通往肯定的路上又前进了一大步。

有些话能让你们更亲密

镜像效应不只作用于表情、姿势、仪态、声音和呼吸，对交流风格也能发挥作用。不过我要忠告你，务必谨慎运用这个技巧，千万别把思维的镜像效应演变成拙劣的模仿。如果你的谈话对象正说着某种方言，那你千万别鲁莽地模仿这种方言。在这个时候，柔和的语音、平缓的语速同样可以帮你达到目的。

> 有一时期，美国企业界像是向全体职业经理发出了备忘录一般，要求经理们在进行演说时表现得更加友好随意。巴拉克·奥巴马在2008年也特意表现了他亲民的一面，当时民众批评他做事过于理智，显得高不可攀，于是他改变了自己的演说风格。他的声音更加柔和，同时在演讲稿中频频出现“你们大家”。如果民意调查的数据没错，那么他借鉴美国普通民众的说话方式确实成功了。

还记得前面谈到的表象系统吗？最核心的三项表象系统就是视觉、听觉、感觉。如果你正在与一位习惯视觉型表达的人交流，就好像我在前面的例子中提到的女同事那样，她习惯于说“我看得出你想表达的意思”，那么你可以用她熟悉的用词进行回答，比如说“我很高兴你能想象出那个场景”；如果你只是回答说“我很高兴你感受到这一点”，就会影响你和谈话对象间的同步感觉，此时你会觉得别扭，难以达成默契，也不大可能立刻与她建立某种关联。

另外一个快速建立默契的方法是使用与你的谈话对象一样的语句，比如某个不怎么常用的说法。当你的同事向你抱怨会议沉闷无聊，他用到“对牛弹琴”这个词，你便可以在你的回答中运用这个词。

说话人：“难道萨拉真的不觉得她说这么多，就好像在对牛弹琴吗？”

回答：“乔，你把自己比喻成那头牛啊。”

当你们用到的词句不是日常用语时，镜像效应就会尤其明显，两人之间使用这样一些隐语，就好像有一条无形的纽带让你们更亲密。这也难怪医学、法律、销售、记者这些专业人士都有一套圈内人才听得懂的行话了。

很多年前，一位我十分尊敬的前辈每次在批评了共事的人之后，都会解释一句“我是完全只对事，不对人”。15年过去了，我依然在说着这句话，每当我听到周围有人这么说，我就会特别留意。因为这个说法很独特，而我又很关注交流方式，因此每当有人对我说起这句话，我自然而然地与他产生了某种默契。

当然，你不能总是不停地重复谈话对象的措辞。鹦鹉学舌会让人觉得你不真诚。完全重复相同的词汇一定要适度，在谈话的大部分时间，我们应该仿制出相同风格的词语。仿制指的就是与谈话对象说同一类的词语——视觉、听觉或感觉型。举例说明，完全重复是这样的：

“是的，应声虫先生，这对我们是一个巨大机遇，我们需要一个可以大大调动团队积极性的人。”

“弗兰克，这确实是个巨大机遇。我真的非常期待这个大大的机会。”

如果你曾经接待过一个口才糟糕的推销员，你很可能也忍耐过这样的对话。你周围或许也有对上司唯唯诺诺的同事，我相信你对此一定很厌恶，因为这种逢迎太过明显了。

我曾经认识一位很有个人魅力的经理，每当她迈进办公室，都会打招呼说："嗨，伙计们，开足马力工作吧！"这句话很适合她，也很有效，成为她鲜明的记号。而另外一个经理，在职位上稍高一些，但并没有她的这种个人魅力。有一次，这位经理离开会议室时突然脱口而出："嗨，伙计们，脚底抹油开溜吧。"我们都面面相觑，心里一片嘘声。这位经理太想拥有别人的个人魅力，居然生搬硬套了她每天都会说的那句话。当他说完，我们每个人都觉得非常难受，就像是听到手指刮黑板的声音。

即使办公室里的所有人都能注意到他的鹦鹉学舌，而这位经理却不自知。要知道，第一位经理天生强势，表现果断和自信。她有办法把每句话都说得掷地有声。第二位经理应该找到自己的风格，而不是东施效颦。

应对不同的说话风格

视觉传达者：我们在前面已经讨论过如何识别自己的语言风格。视觉传达者会在脑海中浮现所说的画面。要与视觉型传达者交流，最好说一些与视觉有关的词或短语，比如图解、看到、视线、清楚。

你的部门经理说："我无法想象你说的情形。"

你的回答是："如果你给我一分钟时间，我可以向你解释得清清楚楚。"

听觉传达者：如果说话人在回想事情的时候不摆头，但目光常常看向左右两边，或者是说一些与听觉相关的词语，用以下这些与听力有关的词语会很合适：听到、敲响、倾听、耳语。

你的同事说："你负责的那份合同听起来好像出了点问题。"

你这样回答："我去调节一下这件让你担心的事。"

感觉型传达者：如果说话人情感丰富，说话时候眼睛常常往地上看，那么就用一些与感受相关的词语与之匹配，比如领会、粗略、感动、平静。

客户对你说："我觉得今天与你的会谈感觉很好。"

"我也有同感。"你这么回答，"这件事一定会进行得非常平顺。"

经受住考验

在通往肯定回应的路途上多少会有一些崎岖，语言交流也是如此。关于这一部分的内容有太多可以介绍，我可以写成一整本书。但归根到底，最重要的是给自己足够的时间来消化概念和技巧，同时多加练习。下面是几点总结：

与身边的陌生人交谈。银行职员、熟食店店员、邮局工作人员，甚至是交谈过只字片言的网友，在美容院、篮球场、卫生间排队时遇到的人……换句话说，身边每一个与自己的工作没有直接关联的人都是进行交际锻炼的合适对象。

坦然处之。像卡通人物一样夸张的动作或是挤眉弄眼是不会成功的，人们只会把你这种举动归入"不靠谱"这一栏中去。

注意观察其他人。要善于模仿，同时也要善解人意。

关怀。我们需要设身处地为人着想，如果你总是粗暴地利用别人，总有一天会得到惩罚。**真诚是一切人际交往的前提**。

Q&A

读者：我是一名产品推销员，每次想要告诉顾客我们的产品比市面上另一种产品更有优势的时候，我总是觉得很困难。我不是一个害羞的人，可总是找不到好的方法。怎样才能以最快的速度推销出我的产品呢？

托尼娅：你没有提到你具体销售哪种产品，我只能给你一个笼统的答案，那就是赢得信任。信任绝对是一个人能向他人提供的最重要的东西。人们对于前来推销或是游说某种产品的人总是抱有一丝怀疑。你需要向你的潜在客户证明你推销的产品真实可靠，结实耐用。具体是什么意思呢？也就是说，你必须清楚自己推销的产品，熟悉竞争对手的产品。要让你的顾客觉得有必要听一听你的推销，并信任你——这样你的销售业绩才会蒸蒸日上。建立信任的过程也是寻找与顾客的共同点，并与他们谈笑风生的过程。如果发掘出你们之间共同的兴趣爱好，形成一种默契，那么他就会对你产生信赖。举例来说，如果顾客提到他在华尔街工作，而你的朋友或者兄弟姐妹或是其他顾客也在华尔街工作，不妨在你们的交谈中提及他们，熟悉感能帮你赢得客户的信任。

第5节

拉起TA记忆之海的船锚

> 每个人都有一台时光机……记忆带我们回到过去，梦想令我们飞向未来。（莫拉克）

波澜起伏的海面上，船只靠船锚来稳定。在人们的记忆之海中也有这样的船锚，它就像纽带，一头连接着尘封的回忆，一头连接着引起回忆之物。简单来说，它就是某种生理反应的刺激。当记忆中的船锚被拉起，与之相关的回忆便浮上心头。

很多年以前，我有位助理，名叫吉米。每天早上他都会跟我说一句：“托尼娅，我出去买杯咖啡。”

然后我便会请求他：“吉小米，帮我带一杯茶，好吗？”

这一来一去的对话像是我们之间的小笑料，成为记忆的钩沉。这段对话重复的次数多了，再加上我特殊的语调，哪怕我在下午这么说起，吉米也心照不宣。我只需要大声喊：“吉小米——？”

“来了，”吉米总会明了地回应道，“你的茶。”

我与吉米的对话是偶然固定下来的，一切就是这么简单。

人们曾经把沉锚效应与巴甫洛夫条件反射理论相比较。我们在高中心理学课上就已经知道，伊凡·巴甫洛夫训练狗在听到用餐铃响的时候就分泌唾液，而不是在吃到或闻到食物时才分泌。很少有人知道这个实验最初想关注的既不是食物也不是用餐铃，而是狗的胃部功能。

巴甫洛夫观察到狗在吃到食物之前就已经开始分泌唾液。于是他不再关注狗类唾液的化学成分，而是把研究方向改为狗类在某种条件下的反应，正是他这个伟大的发现让我们记住了巴甫洛夫的名字。

刚才我提到“吉小米”这个沉锚效应的例子结合了语言和非语言要素。尽管我称呼他的名字属于语言要素，但是我也添加了属于非语言的辅助要素（比如语调、音调、延长音）。我们可以把这类辅助语言与任何表象系统风格结合起来运用。

沉锚效应也可归入五大表象系统。人们听到、闻到、尝到、碰到或者看到什么事物，使自己回想起往事，也就是令自己与过去发生了联系。比如，当你听到某部对你冲击力很大的电影的主题曲，如《精神病患者》或《大白鲨》，便会回想起观看电影时候的惊悚感受。还记得上次独自在家洗个舒服澡是多久以前了？当你在大海里畅游的时候，会不会特意离岸边近一点？苹果派的香味让你鼻子一抽，很可能还会令你想起自己的奶奶。麦芽酒的味道让你回想起第一次喝酒的经历。脚底踩着软软的沙粒又让你不由得回想起在纽约汉普顿斯度过的那个夏天。没准你听说过，在手指上缠根细线可以起到提醒的作用，这与视觉和感觉相关。你一看到细绳就能感到指尖的压力。

了解视觉沉锚效应有一个最快的方法，那就是观察研究喜剧演员。大多数喜剧演员都有其擅长的表演领域。大卫·莱特曼 (David Letterman) 或者比尔·马赫 (Bill Maher) 的招牌动作能对数以百万计的影迷产生沉锚效应。有些人的招牌动作甚至只需一个神情。克里斯·洛克（Chris Rock）每次一讲完笑话，就会张大嘴，瞪大眼睛，摆出一副“听懂了没有”的表情。每个人听完笑话都笑得前俯后仰，渐渐地看到他那张脸就觉得想笑。任何时候，任何场合，他只需要摆出那个招牌表情，人们便会爆发出一阵大笑。

克里斯·洛克。我们对他的表情有先入为主的印象。

案例直击

脱口秀主持人的无奈

大卫·莱特曼在2009年遭遇了一个难堪。在接到企图敲诈的恐吓信后，莱特曼有必要向公众解释他与某位女工作人员的关系，这位脱口秀主持人在直播节目中承认了自己的过错。随着他开始讲述这件事情，他的眨眼频率越来越快，同时摊开手掌显出谦恭的态度。他向观众袒露自己接到了一封信，信里宣称他做了坏事，观众们听到这里开始哄堂大笑。莱特曼郑重其事地谈起他与节目组的一位工作人员的性事，结果却让观众再次笑得东倒西歪。

莱特曼完全是以严肃的态度谈这件事。他说："是的，我承认。我承认自己曾与这档节目的工作人员发生过关系。"可是现场观众听到秘闻后不仅哄堂大笑，甚至有人拍起巴掌来。莱特曼竖起一根手指在嘴前，眼睛注视着地面，然后才继续说下去。这一看着地面的举动显露出他正为自己感到羞愧和难堪，而此时观众还在边笑边鼓掌，等他终于讲完自己的忏悔，掌声已经哗啦啦响成一片。

这到底是怎么回事？难道现场都是一群毫无同情心的观众？不！完全不是这么回事。原因是莱特曼坐在他平时主持脱口秀节目的"笑话椅"上宣布这件严肃的事情，这把椅子已成为好笑的代名词。莱特曼坐上这把椅子就是一个说学逗唱、惹人发笑的主持人，不管他到底说了什么，人们早已习惯了哈哈大笑。

大卫·莱特曼一脸无奈。

空间感沉锚效应同样很有效。放眼政治舞台，每一任总统都曾用过这个技巧。肯尼迪、里根、克林顿，无一例外。奥巴马有关2009年医疗改革方案的某次演讲就是一个近在眼前的例子。奥巴马是一个伟大的演说家，他在

奥巴马用手势来感染观众。

那次演说中用富有张力的动作感染了听众。大体来说，当他强调他的方案的优越性时，他就挥动左手；当他提到反对者的批评时，就举起右手。当然，他并没有在通篇演讲中频频挥动手臂，那样的话就太明显了。

不过在整个演讲过程中，他都用左手动作来加强肯定观点，当演说结束时，奥巴马又挥动左手把全场观众的情绪调动起来。他用这只手的动作强调自己方案的优势，又举起同一只手来呼吁民众的支持。这一点其实很容易解释，因为他是一个左撇子，一般在提到积极的内容时，人们总是自然而然地用平时惯用的手来表示。这种空间感染的方法对人们的职业生涯和个人生活也同样简便适用。

“你认为这是一种控制？”当我向听众这么问的时候，我很可能会走向某一边，假设是向左走吧。

然后，当我向右边走去的时候，我继续说：“那是因为你们还不了解这多么有效。”

左边的方位是我抛出否定意见的立足点，右边则是我阐述肯定观点的方位。当我结束这场演说的时候，我会确保自己一定是站在舞台的右边，这样我才能在思想上与刚才演讲中提出的积极肯定的感受联结在一起。

怎样唤起他们的美好记忆

通过分享某个积极感人的情景，你也可以唤起其他人的记忆。当你轻轻抚摸对方的肩膀，或是额头，然后加大自己说话的声音，能让别人从你的动作联想起积极乐观的那一刻。

假如你的朋友向你描述她的一次旅行。

“你觉得这次旅行最棒的经历是什么？”你问她。

“那是当我们漫步走进巴黎圣母院，周围点着很多蜡烛的时候，”她回想着，“那里一片黑暗，只有蜡烛的微光，那一刻我突然深切地感受到自己正置身法国。”

你轻轻碰触她的手臂，低声地说，“哇哦，这听起来实在太刺激了。”

以后你若想要她记起这段美好的回忆，你可以用同样的动作和这种低低的嗓音。

你也可以通过别人的动作来引起沉锚效应。在我进行演讲之前，我有时候会走近为我做开场介绍的人，并稍微聊上几句。“最近过得怎么样，有什么令人兴奋的事情吗？”

他跟我说起他的事情时，我便静静地观察。

他摸着自己的心口，说道：“我的上帝啊，我女儿在上个礼拜出嫁了。”

紧接着我便能把这个小动作像船锚一样停驻在他的印象里。

“哦，我的上帝[我以手抚心口]，这次大会一定会举办得非常成功。”这个动作比我所能想到的其他动作更有肯定意味，因为这正出自对方本人。

别再散发负面情绪啦

正如你可以让其他人产生积极的感觉，你也可以这样**锚定**自己。

我有位朋友住在加利福尼亚的海边，每天破晓她就起床去散步，风雨无阻，也不管穿过那片海滩要步行多久。当我问她为什么能够坚持每天早起的时候，她说：“我在脑子里想象出一幅画面。”是的，她承认每天凌晨起床时也要挣扎一番，但是当她在海滩上走上几分钟后，身体里的快乐激素产生作用，带给她志得意满的感觉。

她是怎样激励自己每天坚持散步？原因就是在头脑里描绘一幅散步时刻的画面，提醒自己散步能带来的美好感受。她用愉快的心情给自己设上了生理闹铃，还“拍摄”了自己当时的情绪和感觉。下一次当她想要呼呼大睡的时候，只要有意识地想一想这个闹铃，就可以回忆起散步那一刻的美好感受。我的朋友把美好的情感体验与散步这个动作联系了起来。

你也可以用这个方法让自己立刻感受到过去的成功，不管是微不足道还是巨大无比，比如：提交某份实验报告时的成就感，与同事冰释前嫌的轻松感，经过不断努力终于说服客户的兴奋感。

沉锚效应可见诸各种官能。你看到了自己跨越终点的那一刻，你看到自己获得一座奖杯，解决一次争端；甚至你还可以看到前年夏天穿着小尺码的牛仔裤有多么苗条；你听到了关心你的人念着你的名字，你闻到了曾在那里写完一大段文稿的咖啡馆飘来的香味；你尝到了曾与某个人一起庆祝成功时享用的香槟，你感觉到了来自同事的支持。

“哦，我明白了，托尼娅。”你也许会对我说，“沉锚效应无处不在，对不对？”

沉锚效应确实无处不在，但这也提醒我们谨慎选择信息进行锚定。这些锚定自己的方法既可以带给我们积极乐观的情绪，也会导致负面的联想。

想象有这么一对夫妇。丈夫下班回到家，看到自己妻子一脸的不悦。

他询问说：“出什么事了？”

“我怀疑我们这个月付不起账单了。”她说。

话音刚落，他立刻感到自己的自尊受到伤害。

两个星期后，他下班回到家，又看到妻子一脸的不悦。

“又怎么了？”他问。

就像他猜测的那样，妻子回答说：“是钱的问题。我们已经入不敷出了。”

沉锚效应就这样产生了。下一次当这位丈夫看到妻子生气的表情，他就会想到钱的问题，觉得自己挣钱太少。最糟糕的是，妻子很可能只是为了别的事情闷闷不乐，比如昨晚没睡好，或是下楼的时候把脚扭伤了。这些都不是多么严重的事情，可是那位丈夫只要一看到妻子皱起眉头，他就会想到自己没能耐。

我们每个人都会不断向外散发负面情绪。虽然并非有意为之，但还是会继续这么做，除非我们意识到自己的作为会给周围的人带去强烈的讯号。

拿我来说，我只要有一丁点不高兴，眉毛就会挑起，不会挑得很高，但是已经足以让我丈夫注意到。

他从门外走进来，看到我不高兴的样子，就会问我："发生什么事啦？"

"没什么事。"我没说实话。

"托尼娅，我知道你在不高兴，到底怎么了？"

也许不是每一位丈夫都对妻子的表情变化了如指掌，但是你最好相信，他们都能觉察到，而且也都受到你的情绪感染，他们看到挑起的眉毛，突然就会感觉一阵紧张，知道一定是有什么令你不痛快的事情发生了。

沉锚效应可以给彼此双方都带来不愉快的感觉。如果你曾穿着某件外套出席过葬礼，以后你还会常常穿这件外套吗？当你听到你跟前妻吵架时周围翻来覆去播放的那首曲子，你会涌起什么样的情绪？

我的一位同事在很小的时候曾被一只火鸡追着跑，现在她就非常讨厌鸟禽，哪怕是听到翅膀扑打的声音她也会浑身起鸡皮疙瘩。另外一名同事曾在飞机上遭遇一次紧急迫降，以致现在每次乘飞机遇到气流时，他都会紧张出一身冷汗，因为那种感觉让他回想起了快要坠机的恐惧。

这种沉锚效应纯属偶然，但是我们生活中很多沉锚效应其实都是在偶然中发生的。比如，那首曲子正好就在那时响起；那个人正好就擦了那种味道的香水，而如今这一切却总是让你想起当时的经历和感受。当你反应过来那只是一首曲子或一种气味，明白这会令你回想往事，你就可以摆脱这种加诸在你和周围人身上的沉锚效应。一旦你意识到这中间的连锁反应，那么就去改变你的回应态度，你可以用上面介绍的那几个步骤，为那件令你感怀的事物赋予新的感受。这需要时间，但是这样的努力是值得的。

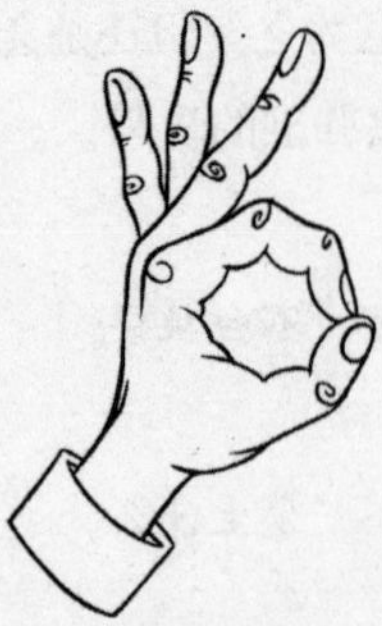

用拇指和食指的动作来铭记一段记忆。

给自己也来个"沉锚效应"

除了自然原因形成的沉锚效应，还有很多种人为的方式能悄悄地对自己和他人产生沉锚影响力。所谓的沉锚影响力就是自己一手炮制出理想中的回应。

这个方法像是万应灵丹，不管是减肥、戒烟，还是改善心情，都可以采用。现在就让我们来试一试吧。

先回想一下你曾经感到非常满足的时刻，可以是兴高采烈、自信或是有成就感的那一刻。选定了一段回忆以后，请在脑海里再重温一遍当时的感受。这种感觉在你看来怎么样？听起来如何？要尽可能地全身心去回想，让这段回忆变得鲜活无比。

现在，你的情绪已经加强了，也开始体会到当时的感受，请摸一下你的戒指，或用拇指和食指用力捏一下，并保持一阵子。然后跳转思维想一些风马牛不相及的东西（比方说你的电话号码）。如果有需要，请反复做几次这个手势，确保你已经捕获了那片刻的回忆。要是你一时还不能立刻唤醒当时的记忆，就再多重复几次刚才的动作。

现在，你已经给自己制造了一段独有的真实、精彩而鲜活的回忆，任何时候你想要回味当时的感受，都可以借由这个简单的动作来实现。

在本书的末尾，你会看到一个练习方案，通过寓教于乐的方式带你一步步练习。先别急着在头两天里把所有技巧试遍，你需要一个一个来巩固这些技巧。当你把这些技巧融会贯通地运用，再稍微练习一下，它们就能成为你真正掌握的本领。

有时候我也需要提醒自己别忘乎所以，那样会降低提防心，而提防心一降低，人就容易随大流，当自己的主观意识遭遇他人对思想的控制时也容易败下阵来。要知道，如果你不采取行动，就是给别人提供机会。

数一数有几个字母F？

读下面这句句子：

Finished files are the result of years of scientific study combined with the experience of years.（已经完成的文档都是多年来科学研究和自身经验的结果。）

请看一下原文，数一数字母F在句子里出现了多少次。数一遍就够，不要来回数。

在这句原文里，字母F一共出现了6次，但是很多人只能发现3个，还有3个被漏掉了。很多人会漏掉单词of里的字母F。有一种看法是，当人类大脑看到它们的时候会把字母F当做V来处理。

想要形成新的神经通路和新的习惯需要很长的时间。我从来不会把这吹嘘成可以一蹴而就的事情，这里头包含了太多内容，需要你循序渐进地照着方案进行，直到完全掌握每一个步骤。

生意场上必备的“分层沉锚”

假如你替客户策划的活动大获成功，你一边拍手一边向他道贺：“太精彩了，你简直酷毙了。”（假设他正是“酷毙了”那种类型。）以后当你再次拍手、向他道贺，你的客户就会想起他这一次的成功（同时也是你的成功）。

这种方法就是分层沉锚法——一个手势加上一句话语。如果你想获得最好的效果，可以尝试把两者结合起来运用。边说边做，再辅以微笑或者皱眉这类有形的视觉表现，在一次交流中综合运用多种表象系统。

让我们通过实例来演示一下沉锚效应在分层叠加后的效果：先设想一种你任何时候都渴望保持的情绪状态，就以充满自信这一情绪状态为例吧。假设你正在参加一个聚会，或者在酒吧喝酒，抑或是出席一次社会集会，你走进了一间人头攒动的屋子，可是周围一个人也不认识。此时自信的情绪状态能够协助你进行交际。你要做的第一件事就是唤起自己最自信时候的记忆，比如去年你的上司轻轻捶了你一下，称赞你做的计划非常出色，他决定选用你的想法。太棒了！不光是上司的赞赏让你充满信心，在同事艳羡的注视下，你的精神状态立马为之一振。这是一种强烈的心理作用。

现在，要发挥沉锚效应的最简单的方法就是唤起自己在那一刻自信心爆棚的感觉。在这个例子里，你最自信的时刻正是上司友善地捶你一下并夸奖你的时刻。确定这一点之后，你需要选定一件事物作为唤起记忆的船锚，我会选择在脑海中浮现“自信”这两字作为视觉型船锚，同时轻轻地念叨“自信”作为听觉型沉锚，再轻柔地拉拉耳朵作为感觉型船锚。当你把这三种沉锚效应叠加使用，效果会比单个使用任意一种更加强烈。选定好唤醒记忆的船锚以后，你便开始在脑海中把当时的情境回放一遍，随着一秒秒镜头的推进，你回想到了上司当众夸赞你的那一刻，三项沉锚效应一并发挥作用，你瞬间充满了自信。你还可以不断重复这个过程，直到最终自信满满地步入陌生的人群，就像一个摇滚巨星！

让我们回头看看这个过程。首先，你接受了沉锚效应这个基本概念，并借助沉锚效应在脑海里为某个特定情境拍了一张“照片”，还用这张照片为自己打气。此外，你学会了如何从自然形成的沉锚效应过渡到强有力的沉锚效应，使之能为己所用，帮助自己与想要建立关系的人交流。

这个技巧令人振奋，但也不是没有缺陷。

第一，你应该懂得与商业伙伴交际时，碰触什么地方和如何碰触更为合适，毕竟你是想建立默契，而不是想挨耳光，更不愿意因此而丢了工作。此外，触摸对方的时候最好能碰触一些不大会被触摸的肢体部位。握手这样的肢体碰触就称不上是一个强有力的沉锚，除非握手的方式非常独特。但请牢记一点，握手始终是你与他人接触的第一步。

第二，如果沉锚动作不够真诚，每个人（包括你想要说服的对象）在千里之外都能察觉，毕竟大家都不是木头。假如有位推销员问你第一次买车的感受，同时像捉老鼠的猫那样探着头等你回答，你自然知道他的意图是什么。同理，你想要说服的对象也会有这个觉悟。为了能让你的沉锚发挥最好的作用，你一定要感受对方的喜怒，同时校正自己的情绪。

> 比起询问第一次买车感受，聪明又有经验的销售员会问顾客买那辆车的原因，你知道这其中的区别吗？后一个问题让人觉得这位销售员努力想要了解那辆车有哪些实用性，而你作为买家听到这个问题后，就会考虑眼前这辆车有什么相似功用。“那辆车到底好在哪里呢？”这位聪明的销售员暗地里让你回想起当时买车的经历，这样他就可以向你一股脑儿地介绍这辆车的好处，而不会看起来像只露齿嬉笑的猫。这一切都是遣词造句的力量。

第三，最有效果的沉锚效应发生时，你的目标对象一定是正处于很强烈的情绪之中，而不仅仅只是回想起当时的感觉那么简单。这种情况在家人朋友间要比商务场合频繁。不过，商务场合也会发生这种情况，如果你表现得十分兴奋，你就可以激发其他人兴奋的感觉。

当你知道了怎样运用沉锚效应，你就能找时机来试验它的威力。你可以与客户保持公事之外的交际，哪怕只是闲聊几句，你也能从中博得对方的好感。

我最喜欢研究关于乔·吉拉德的一则小故事。根据《吉尼斯世界纪录》显示，乔·吉拉德连续 12 年成为世界上最伟大的汽车销售员。他成功的奥秘简单得让人不敢相信：每个月向 13 万名客户寄出问候的卡片。卡片上是他的签名和一行手写的字：我喜欢你。老主顾每次需要买车都会回头找他，这是不是理所当然的事情呢？

如果你在某个领域非常擅长，当有人回头找你请教问题，那说明你有些方面做得很好。每次我在接到演讲邀请后都会做笔记，这样当我给主办方回复时就能说出我们当时讨论的每个细节。

假如你的顾客乘船旅行去了，而你知道他是勇士队的球迷，当你给他写回函的时候不妨这么说：“非常感谢你的帮助。对了，那晚的比赛是大都会队赢了。顺祝你乘船旅行愉快。”当他读到这封电子邮件的时候，你们之间交流的纽带也随之加强了。

在与家人相处时，沉锚效应也随处可见。我发现与家人共度那些有意义的充满乐趣的时光总会成为更加珍贵的记忆。我们都热爱看电影，不管是提起某句熟悉的台词，听到某段电影原声音乐，或是做一个剧中人特有的动作，我们都能借着电影加深彼此的感情。沉锚效应不光让我们想到某部电影，还让我们重温了一起看电影的快乐。

展现你的激情而不是弱点

沉锚效应还能带来很大的内在动力。比如说，你可以通过自己的某句话或是某个动作联想起一种积极乐观的情感状态。你可以为自己构建一个与成功有关的沉锚效应，这样当你感到情绪低落时，你就能快速打起精神。假设某一天，你精力饱满地埋头于工作，充满着干劲，总之，这一天你工作得得心应手。这时候要么给自己一个语音暗示，比如你的口头禅之类，要么给自己设计一个动作，比如大拇指和食指相连成一个圈（这个动作最好悄悄在办公桌下做）。当你重复做沉锚动作的时候，最好保持住当时的状态，这样沉锚动作就在精神层面上与当时的状态联系在一起，下次当你感到情绪低落时可以随时唤起。

如果你是一个经理，你可能常常会烦恼怎样才能让每个人都有良好的表现。就算是团队里的普通一员，最好也能够让自己给其他人带来动力。

评价他人的工作并不容易，要想收到预期的效果，最重要的就是始终从正面的角度来点评。在心理学概论里，我们学过把负面意见像三明治那样夹在肯定意见当中。例如下面这句评论："珍妮，你写的这个销售方案很棒，比上一份方案大有进步。不过，我觉得我们还需要加入更多竞争对手的情况介绍，还要点明为什么我们公司的产品是最合适的选择。把这部分内容添加进去，你的销售方案就更加完美了。"

这段评价就像奥利奥夹心饼干，外面的两块饼干代表工作中值得肯定的方面，里头的白色奶油就是需要改进的部分。在批评别人的时候，要让对方感受到你对他的关心，让对方明白你不是对谁都会这么推心置腹的。

另外，批评的时候也要注意场合，不要在大庭广众之下批评他人。我在训斥某个孩子的时候，尽量不当着其他孩子的面说。孩子们的自尊心可能承受不了在其他人面前被家长教训。

批评应当是为了帮助对方找到解决问题的方法。例如，某个销售员的业绩很低，那么他下一次应该怎样来提升自己的业绩？有哪些因素影响了他的业绩，如何消除这类因素让他取得更好的销售业绩？

要注意的是，批评并不是说坏话。尽管我在后面会讲到拥有共同厌恶的人或事能够加速彼此的默契，但我不鼓励任何人为了开展交际而去嚼舌根，而且我建议你也不要跟喜欢说闲言碎语的那类人泡在一起。

最近，我和一位新结识的朋友聊起以前我和另一个人合作的项目，我说到自己对这个项目的合作其实不是很满意，这位新朋友就示意我说得具体点。我踌躇着不知道该怎么说，这时她说了一番令我刮目相看的话。她说："不用顾虑，说出你的不满。我们可以从中总结出经验，下一次就能做得更好。"

她对说长道短一点都不感兴趣，而是关心怎样把事情做好，怎样改进我在这方面的经验。这样的人就是我们可以信赖的朋友。他们能够激励你，而不是忙着去诋毁他人。

一个善于组建团队、激励他人的人，总是充满魅力、热情和自信。他们懂得团队合作的意义，让每个人都认识到自己之于团队的价值。善于领导团队的人总是思考哪些方面是他的队员所看重的。当你想要激发某个人的想象力、上进心、目标和希望，就需要对他人进行激励和鼓舞。

担当激励角色的人需要有说服力，但又不能过于情绪化，要展现出激情而不是弱点。想一想总统这个角色，他是权威的代表，而且不能流露自身的脆弱。

当奥巴马总统在公众集会上就医疗改革发表演说时，他诵读了泰德·肯尼迪生前的一封信，这封信是泰德要求在他过世之后才公布于众。整个集会鸦雀无声，许多人眼里泛起了泪光。奥巴马能够带动人们的情绪，又维持自己的镇静。

让我们回忆一下霍华德·迪恩和那场从根本上终结其政治生涯的演说。他在演说时情绪大起大落，以致人们开始害怕他在执政上也会这么不理智。

霍华德·迪恩在 2004 年民主党党内初选仅获第三，他在宣布退出竞选的演说中大吼大叫。

在与人交流时，尊重他人也就是尊重自己。人们总是喜欢围绕在那些能帮助自己进步和提升自我价值的人周围。分享别人的成功一刻，能够让彼此建立起更深厚的情谊，同时也让彼此感到愉快。没有什么商务交往方式能比这更好的了。

接下来，我们来探讨一下交际过程中的非语言因素。

Q&A

读者：我是专门替人筹办宴会的，虽然赚钱不多，但我很喜欢这份工作。我的顾客有些给我不少小费，有的只支付宴会伙食的费用。我对每个顾客都尽心尽意，与他们交谈，听他们说自己的生活。怎样才可以让那些不给小费的顾客主动给我小费呢？

托尼娅：在目前看来，你能否拿到小费只是跟顾客的慷慨程度有关，这远远不够，你应该试着更加主动一点。你可以准备一份小甜点（免费的）留给主人第二天品尝，但是别直接拿出来。设想一下道别时的情景，如果你筹办的是晚宴，你可以在结束工作时与主人握手，说："很高兴能有这个机会向您提供餐饮服务。"然后拿出你的王牌——一份包装得十分精美的甜点，同时狡黠地轻声说："我专门准备了一份小礼物供您第二天品尝。"记得边说边递眼色。

有项研究发现，侍应生在找零或把就餐小票送到顾客桌前的时候，轻轻触碰到顾客很可能拿到更多小费。与其把餐后的薄荷糖放在柜台上任人取用，不如亲手递给老主顾，这样也可以获得更多小费。如果侍应生在递过去一片薄荷糖后作势离开，又转过身，再递过去一片薄荷糖，他收到小费的数目会激增23%。

另一项研究发现，当图书管理员把借书卡递还给借书人的时候轻轻碰触一小下，借书人就会对他们产生好感，并且更加喜欢这家图书馆。相信我，你道别时候的方式可以影响小费的数量，别抗拒与人的身体接触。

第3章

在举手投足间征服人心

家庭主妇如何用一通电话，
就让素未谋面的售货员为她便宜600美元，
并额外再送她一个新沙发？
亚瑟王为何坚持用圆桌召开他和骑士们的会议？
哪种气味最能挑起男性的欲望？
又是哪种气味最能让女性心醉神迷？
……
让人对你说“YES”，就是要于无声处胜有声。

第 1 节

身体语言的密码

少说话，你便能倾听到更多。(艾比盖尔·范·巴伦)

如果你能够明白目标对象真正想表达的意思，那么你就能更快得到他或她的认可。要做到这一点，最不可思议但又最有效的方法就是观察。有研究表明，人们大部分的交流都是非语言的，这也解释了为什么通过运用语言和非语言的交流技巧，你可以成为一名交际天才。

在前面已经介绍了大脑在交流中扮演的角色，弄明白这一点很重要，因为这样你就了解这不是我个人主观上的看法，而是科学的认识。

当你初次遇见一个人的时候，情况通常是这样的。在最开始的 0.1 秒，你形成了对他初步的看法，包括他的吸引力、可爱程度、可靠度、能力，以及他的进取心。这些都是基于常规标准作出的判断，有时候一天可以作出好几百次这样的判断。这些初次见面的结果会成为我们个人反应系统的一部分，被收进我们的小数据库来决定哪些特性能得到我们的认可或否决。当然，即便已经有了这些初步判断，当真正发生冲突时，接下来的一小段时间才是我们形成基本印象最重要的时刻。这个过程具体是怎样的呢？你的中脑（杏仁体）形成了对他人最直观的印象。他是否安全，无进攻性？给他打分是高于一般标准，还是不及格？然后，这些想法传输到大脑新皮层进行更深层次的分析。根据以往的经验，还有你的小数据库的分析，你的大脑逐一捕捉对方的信息，例如他靠近的方式、说话的声音、握手的轻重、立体感觉识别、发散的气味，还有笑容，所有这些都录入你的大脑数据库，与过去的生活经验做个比较，于是就形成了对这个人肯定或否定判断。这就是初步印象形成的全过程。这个印象也许不完全正确，但毕竟形成了。

科学研究已经证实，人类用右脑处理情绪。另一项较新的观点认为，右脑半球处理情绪的方式与情绪本身是正面还是负面大有关系。

研究人员通过对 80 名心理学系的学生进行试验，研究人员发现右脑半球不仅对情绪处理更有效率，在其他方面也更为快速。学生们花 100 毫秒的时间瞄一眼人像照片，辨认开心和惊奇的表情，比辨认忧伤和恐惧的表情耗时更短。如果这项研究数据正确无误，我们可以得出结论：人类大脑处理高兴情绪要比处理悲伤情绪快，处理惊奇情绪比恐惧情绪快。这给了我们一点启示，在初次见面时不妨保持微笑。

Q&A

读者：我的上司是个右撇子，每次我的一位同事在会议上发言的时候，他就跷起二郎腿，把右脚架在左腿之上。我认为这表明他对我同事的观点并不赞同，因为右撇子是很难自然而然做出这个举动的。

托尼娅：虽然数据显示大多数人在跷二郎腿的时候把左脚架在右腿上面，但还是有 30% ～ 40% 的人习惯把右脚架在左腿上面（不分左撇子与右撇子）。我想你最好观察一下你的上司是不是经常会这样做。

当他人对你做出评价时，你的大脑也在评价他们，这就带来了另一个难题：你接收到的是准确的信息吗？你交谈的对象是不是懂得怎么可以留下讨人喜欢的印象，并隐藏真正的动机？你可以通过下面这些方法一一分辨。

仔细观察你遇见的每一个人，长期共事的同事、朋友、在大街上遇见的陌生人。注意他们的表情、动作、站姿。他可能面带微笑，伸开双臂，但是你要留意他的脚尖指向哪里。如果脚尖没有朝着你所在的方向，那说明他其实想离开当前的位置。

“有没有可能脚尖朝外就是他平时习惯的站姿呢？”你也许会心生疑窦。“会不会别人双手抱胸没有其他意思，只是他平时就习惯这样做？”

是与不是，用下面这个简便的方法就可以分辨出来。

30 秒，教你认出睁眼说瞎话的人

我认识的每个人都曾经因为错信别人而犯过错，从那个信誓旦旦保证你的投资很安全的财务顾问，到总是强调你所知道的都属于机密内容的人事总监，再到不停夸赞你穿上牛仔裤显得多么苗条的售货员，他们可都是说瞎话不眨眼的人呐！

接下来的方法可以保证你永远不会上当受骗，也可以帮你判别出别人是否紧张、焦躁或者是不是在说口是心非的话。这个方法称做基准法，又叫规范法。我打赌你以前曾经运用过基准法，我自己是有过这样的经验的。基准法即先觉察出对方的真实信号，借此觉察到他或她的欺骗信号。简单一点说，真实信号就是别人不承受压力，也不刻意表现自己时的“常规化”的姿势或动作。你要做的仅仅是觉察对方在平静状态下的信号。他是怎么握手的，是强有力，还是没有特色或者是很恭顺？他采取什么样的站姿，他的身躯是什么姿态？他朝你倾过来，还是离你很远？他会使用什么类型的手部动作？是朝上挥动，还是朝下摆动？他平时的表情和眼神是哪种？当他说话时，会一直保持眼神交流吗，眨眼频率是快还是慢？最后要注意的是，当他回想事情的时候，眼光看向哪里？你可以问一些很容易回答，又有事实依据的无伤大雅的问题来了解。

在这些无伤大雅的问题中间，你可以轻松地抛出一个问题，使他需要回想一些事实情况。“这家公司成立多少年了？”“那部电影里的副总统是谁演的？”“这份报纸的发行量大吗？”在他回答这些问题的时候请留意看他的眼光是朝向上下左右哪个方向。

很快你就会知道这个人回想事情的表现。如果你想测试他是不是在说实话，你可以用上面这些观察到的细节做验证。你可以问任何你想知道的事情。如果他在回想事情时习惯性地朝上看再朝左看，当他看向右边就很可能是在说谎。为什么？因为他不是在回想事情，很可能是在搜索大脑别的部分来编织谎言。

求职面试时：“这家公司占用了大楼的几层？”

平时社交时：“哦，你是银行的副总裁。那你加入美林证券前在哪里高就？”

家长聊天时：“凯蒂几岁了？”

“她 6 岁了。”

“杰丹也是 6 岁。凯蒂 7 岁生日是什么时候？”

通过这些问题，你便可以知道对方谈话时的习惯了，你还可以判断出他们习惯用哪种表象系统。他喜欢视觉型、听觉型还是感觉型词语？当人们在思考问题的时候，会不经意地转动眼球，只要我们细心观察一阵子，就可以发现他是在用视觉、听觉或感觉来做思考。你知道这点多么具有参考价值，多么有效了吗？当你知道了别人在交流时喜欢的表象系统，你也就找到了通往他内心世界的大门。

视觉型传达者通常喜欢眼睛朝上看；听觉型的人则会看向左右两边；感觉型的人倾向于眼睛朝下看。人们眼睛看向哪里，其实是在“告诉”你他们属于哪种表象系统的传达者。

眼睛的转动可以让你知道他属于哪种表象系统的传达者，而语调则能泄露他是不是正处在焦虑之中。哪怕是与你素未谋面的销售员，你也可以从声音中听出他说话的虚实。

案例直击

适时“寻求帮助”

我的同事订购了一套昂贵的餐边柜，销售员告诉她 6 个星期以后就可以收货，但是餐边柜迟迟未到。

当她打电话去询问的时候，那位销售员说：“哦，您再等 12 周吧。”他的声音听起来很谦卑，但她听出来这位销售员并不在意怎样帮她解决问题。

“你当初可不是这么告诉我的，”我的同事说，“我丈夫已经大发雷霆，我想我得取消这个订单了。”（我们都有挡箭牌，有孩子的夫妻可以用孩子做挡箭牌，没小孩的就可以让身边重要的人当一下挡箭牌。）

我的同事终于让销售员意识到问题的严重性了。

“这样吧，”他的声音变得充满男性权威，像个说话一锤定音的父亲，他说道，“我很抱歉您预订的餐边柜不能及时到货，我额外再送您一套餐桌台垫好了。”这个销售员口吻谦卑但不容分说。既然他想在谈话中占据主导地位，我的同事也就巧妙应付。她暗自思忖，为了这个餐边柜还要再苦等 90 天，这个销售员真的以为用餐桌台垫就能打发她吗？但是她有没有把自己的想法和盘托出呢？当然没有，我的同事表现得自己迫切需要解决问题。

“这真的是个大问题，我丈夫认为我们早就该退掉这笔订单了，我真的需要你的帮助。”（人们多半乐意那种被人求助的感觉。）

“好吧，这样吧，我再给你降价 400 元。”

“你给我便宜 400 元也无济于事啊。”她这么回答。

“那便宜 500 元如何？”

“请你听好了，我需要你的帮助，我丈夫快气疯了，我无论如何得拿回这笔钱。我已经等了 10 个星期了。”

“那就 600 吧？”他说。

“我丈夫他——”

“我不能再让更多价格了，”销售员打断她，“您的房子还需要点别的什么家具吗？”

“这个，我倒是需要一个新沙发。”

最后我的同事额外得到了一个新沙发，还节省了 600 元买餐边柜的钱。她是怎样做到的呢？因为她观察了他谈话的基调，相应调整了自己的谈判策略。

如果接电话的销售员是另一种个性，例如很恭顺，不停道歉的，我同事可能就会采取另一种直截了当的交谈方式。“听着，查理。你是给我优惠了 400 元，但这并不是一个双方都受益的方案。要知道做生意的时候，得买卖双方都满意才行，可我现在对这笔订单并不满意。”不过，由于这个销售员是那种在谈话中处于支配地位的，所以我同事的这番话没有用武之地，而是换用另外一套说辞。她声称自己“遇到了大问题”，寻求他的帮助。

虽然有人会觉得她作为顾客的立场太过被动，但归根结底，我们的目的是要摆脱对方的支配，而她这么做的目的正是这样。她现在已经舒服地坐上新沙发了。

根据不同的基调来调整交际方式，这可以让你胜人一筹。

YES

第2节

不安分的手和脚

我说两种语言，肢体语言和英语。（佚　名）

人们常说“用手比画”这个词，事实上，我们在说话时都会用到手势，甚至我们的双脚，以及全身。最重要的是，我们通过使用这些姿势来强调所想要表达的事情。身体从不说谎，它总是反映内心的感受。

2009年8月，比尔·马赫（Bill Maher）到《柯南·奥布莱恩今夜脱口秀》（*The Tonight Show with Conan O'Brien*）节目做客，话题很快就转移到了奥巴马的医疗改革方案。奥布莱恩显然对这个话题感到不安。马赫嘴角肌肉紧绷，他说：“我们国家需要一个不断前进的政党，可我们现在恰恰缺少这个。”他怒意未消，对方却是一阵令人压抑的沉默。

奥布莱恩目光看着地下，两手摊开，耸起双肩坐着。他的嘴角耷拉着，传递出挫败和恭顺的感觉。他一时无语，搞不懂自己高谈阔论的力量到哪里去了。

“我这么说让你感到难过了吧？你看起来无精打采。”马赫一边问，一边侧身安抚奥布莱恩，说话时顺势轻轻地拍了他一下。奥布莱恩连连否认：“不，不，你没有让我难过，不过我有不同的看法。”尽管如此，奥布莱恩没能扳回颓势，他的力量已经烟消云散。

身体动作发生的场合、情境往往决定了动作的意义。例如，往别人的个人空间倾斜过去通常是一种冒犯的表现，是商务洽谈场合的大忌；可是换种情景下，这个动作却会有另一番解读。让我们假设一位男士想要俘获一位女士的芳心，这时他做出倾斜的动作就全然不同。

第一次握手：让我们有所联系

> 在克林顿－莱温斯基性丑闻闹得沸沸扬扬时期，《新闻周刊》曾有过这样的报道："莫妮卡·莱温斯基于 1995 年 6 月进入白宫工作，在与她同期的雇员眼里，莱温斯基是一个'牛皮糖'式的人物。一旦与重要官员握手，她总是紧握不放，铁了心要钻进白宫的核心圈，即使那些喜欢追星的年轻实习生也无法与之相比。"

我不知道这段报道是否属实，但是我知道握手所能产生的作用。这个动作就像胶水，能够立刻把我们与其他人连在一起，这是人与人之间亲密接触的第一种典型形式。当然，我们不想握个手就被黏上或是受人摆布。

我相信，当你与人握手时，你一定遇到过那种在握手时有意无意表现出支配欲望的人，要么握得很用力，要么把你的手按下去。但这样做无济于事，对不对，你不会感觉与这样的人有默契。这是因为掰腕式的握手并不适合初次见面的场合，我们握手是为了与人交际，而不是要击倒别人。

握手时不要像牛皮糖或是操纵者，一般商务性质的握手以 3 秒钟为宜。

握手时，水平地伸出你的右手（切勿用左手），让你的掌心与对方的掌心接触，握手的力度也应当适中。握手时，你的身体稍向前倾，不仅手掌要晃动，手臂也要摆动起来。

有气无力的握手和分筋错骨式的握手都是令人反感的。有气无力的握手给人不安全的感觉，会引起对方强烈的不满。反过来，如果你猛地拽住别人戴着戒指的手，虽然可以马上给人留下印象，但这是由于手被抓疼才记得的，而不是对你这个人有多么具体的印象。与人交朋友一定要有耐心，手势动作应追求自然同步。

另外，你要了解你所交谈的对象从事何种工作。他是外科医生，还是钢琴师？如果他的工作仰赖于双手，那他握手时也许会很轻，但是本人应该很有个性。

竖起大拇指：好样的

竖起大拇指表示信心和接受，表示赞许、乐观和夸奖，这点毫无疑问。当他获得一位新的客户，竖起大拇指祝贺他！你和同事决定开始新项目，竖起大拇指激励彼此！

但是这个手势带来一个问题：从约翰·肯尼迪到比尔·克林顿，有太多公众人物频频用这个动作，有时候竖起大拇指让人觉得只是应景而已，并不真诚。所以，如果你不是发自内心，就别做这个手势了。

自己紧握双手：就这样做吧！

这个类似鼓掌的手势表示："让我们立刻着手进行某件事吧。"通常接下来一个动作就是与其他人击掌来获得他们的共鸣。当你想要开始某项工作，或结束某事的时候会有这个动作，很多人有时候这么做甚至是为了迫使他人去做一些事情。

汤姆·克鲁斯出席电影《刺杀希特勒》首映礼。

掌心朝上：我没什么好遮掩的

这个手势含有“相信我”的意味，于是也常常被不诚实的人们用来耍花招。曾供职于美国联邦调查局的乔·纳瓦罗曾经说过，如果有人做出这个手势试图证实自己清白，他反而会对他产生高度怀疑。宣称自己无辜并不能说明什么，你需要获得人们的信任，而不是反复强调自己没撒谎，掌心朝上这个动作显露出你对自己所做的回答正惴惴不安。

当然，摊开掌心也可以表示一种顺从、友好和开放的态度，应当结合当时的情境来作出判断。

男人间的拥抱：嘿，哥们

男性之间的拥抱，一度被认为是不恰当的举动，现在已经成为人们熟悉的打招呼的方式。男性拥抱同性的方式与他们拥抱女性的方式截然不同，最为常见的可能就是单臂拥抱了。有时候男性之间伸开单臂或双臂，同时拍拍对方的背部；有时候伸出单臂，同时肩膀互撞；有时候我们也会看见男性一边拥抱一边还握着手：握手是保持见面时的礼仪，同时又能通过拥抱表达见面的热忱。

2008 年 6 月 16 日，奥地利维也纳，德国队的迈克尔·巴拉克与佩尔·默特萨克拥抱庆祝，在欧洲杯小组比赛中，德国队以 1：0 战胜奥地利队。

拳头互撞：与你同在

当两人各举起一只拳头互相撞

一下，这是团结的象征。这是用一种自豪的方式来表达两人之间团结、热忱和投契，这个手势不是顺服性的动作。

击掌相庆：我们太牛了

如果单掌相击表示不错，那么双手相击就是非常棒的意思。双手击掌的动作通常是在人们互相祝贺时使用，拍一下手掌，让人们心意相通。单手或双手击掌动作有些类似于牵手，也是一种轻松碰触异性的动作，以此来试探可能的情感关系。

双臂交抱：离我远点

双臂交抱这一举动像是形成一面盾牌，虽然自己在盾牌后面感到安适，但是看起来显得防范十足，也阻隔了与其他人的交流。你可以试着做个小实验，在与朋友说话时摆出这个姿势，看看朋友会有什么反应。

尽管两臂交抱让人感觉是个消极动作，但它也可能与镜像效应有关。不知你是否注意过高校的学生们往往用双手环抱着书本，三五成群地在学生会外谈天。他们之间也许并不存在不满或敌意，只是在镜像效应下模仿彼此的动作，要不然就是那些书本太重了，单手拿不过来。但是话说回来，有研究显示，两臂交抱这个动作确实会在一定程度上阻碍做动作的人接受新观念，因此我们还是尽可能保持开放状态为好。

指指点点：打住，看那边

视情况不同，用手指来指指点点既可以帮助人们建立默契，也可以毁掉交际。如果你并不是指向某人，而是用手指引导别人的注意，或强调某个观点，或帮助他人理解某个概念，那都是很好的手势。不过，用手指指点通常表示侵犯和蔑视。

当有人说谎，想要夸大自己的怒气时，经常会用一根手指来指指点点，用来转移别人的注意力。这是愤怒的表现，同时也显示这个人急于把别人的注意力引向别处，这不是一个诚实的信号。

定向反应：下意识靠近

我们总是自然而然向喜欢的东西靠近。在遇到有趣的人时，你会发觉自己不知什么时候离这个人只有五步之遥了。如果你发现有人与你眼神交流，同时朝你靠近，那就说明他对你感兴趣。

耸肩：我不知道

当你耸起肩膀时，你正在向外传递一个信息：你对某项事情并不确定，或者试图表现得无动于衷。

一般来说，耸肩表现出一种不确定感，不论是关于自己，还是关于别人，都是如此。耸肩是从潜意识里想让自己显得渺小和脆弱，以期得到别人的谅解。如果经常性做耸肩的动作，就会给人留下永久的不可靠的印象。在说出诸如“噢，我完全知道应该怎么做”这样的肯定陈述时，要注意说话人有没有耸肩的动作，大幅度抬起肩膀，无异于自我否认的讯号。所以，当你在做出重要声明的时候，千万不要耸肩。

砍劈手势：这就是我的方式

在空中砍劈的手势与眨眼、抬眉这些小动作相似，都需要整体行动。如果你是在说话的时候做出砍劈手势，你最好是一个位高权重的人，因为只有老板、权威人员或是豪气的大客户才能在做出这样的手势后不令人反感。

乔治·W. 布什总统做出了空中砍劈手势。

这个动作十分具有侵犯性，其实你可以掌心向上砸另一只手的手背，这个动作一样能够表示强调，又不带有挑衅意味。

屈指计算：同意我的观点吧

这个动作常常见于那些狂妄、自大、傲慢的人身上。不过，屈指计算的动作对教学很有帮助，因为这个手势可以带来沉锚效应。此外，这个手势也能用来说服别人肯定你的看法。

两手互搓：我要提出想法了哦！

两手互搓的动作潜藏着一种期许，让人感觉双手的触碰可以用某种方式让事物运转起来。手掌能够敏锐地感觉到压力，而掌心互相摩擦也可以引申为为某个想法做热身。

掌心朝下：这件事应该这样做！

掌心朝上摊开带有恳求意味，而掌心向下则表示做动作的人已处在某种控制之下。

这个手势淡化了别人的努力，而令自己显得有些屈尊。我们与人交往的目的是寻求对方的肯定，因此一定要有所目的并谨慎使用这个手势。

两手叉腰：别来惹我！

女星桑德拉·布洛克双手叉腰，于 2009 年 5 月 31 日在加州环球影城出席 2009 MTV 电影颁奖典礼。

当两只猫摆好架势准备打斗时，它们皮毛都竖立起来，尾巴比平时要粗 5 倍，每只猫都想占据更多空间。而当你双手叉腰直面另一个人时，这个举动就像快要打斗的猫一样。

把肩膀拱起来，两手叉在腰部，眼睛直直地看着对方。在你希望占据支配地位的情境下，这个动作极其有效。我常常建议白宫幕僚长拉姆·伊曼纽尔站在总统身边时就保持这个动作，显出时刻准备出手的状态。这个动作是最常用的防卫姿态，同时不带进攻意味。平时不要轻易摆出这个姿态，除非你正有占据主导地位的意图。

十指相抵：这儿我说了算！

十指相抵、指尖朝上这个手势表示出一种自信，通常做这个手势的人正处于权威位置，这个手势也显示出此人在公司以及社交场合的地位。当你与同辈在一起的时候，你可能会采用这个手势；经理会在下属面前这么做，但却不会在公司副总裁面前摆出这个手势。

双手放在背后：你威胁不到我！

还记得本书开篇那张安吉丽娜·朱莉的照片吗？当你采用这个姿势的时候，就像是告诉其他人，他们对你构不成威胁，你也不准备威胁他们。你的身体暴露在毫无保护的状态之下，不恐惧，也不带任何进攻性。这是自信和优越感的表现。

双手在身后紧握，眼睛看向对方，面露微笑或不露微笑，这一系列动作便是在告诉对方：切勿靠近。

咬指甲：我没有安全感！

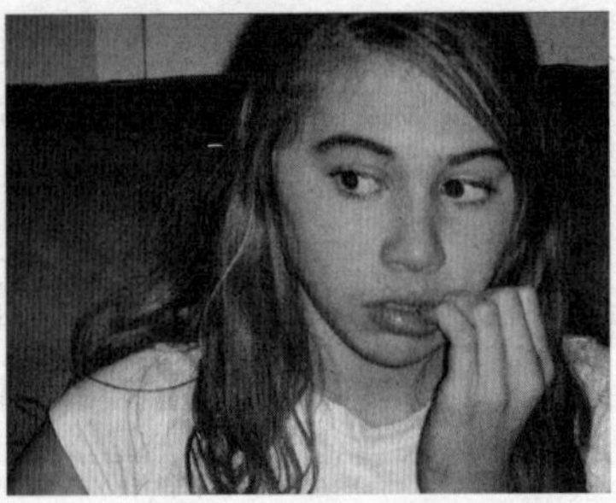

咬指甲这个动作与剔指甲、咬嘴唇这些小动作一起位居扫兴动作榜单。如果你正在参加求职面试，或是正在商务洽谈，请不要流露出自己的紧张情绪，让双手离嘴巴远一点。当然，从另一方面来看，咬指甲倒是可以用来假装害羞。

蜷起脚趾：千万别注意到我啊！

当人们感到软弱无助和害羞的时候，有时候会缩起脚趾头，像一个受了惊吓的孩子。

扭着手：我需要安慰

谈话气氛有些变化，你开始觉得不舒服，有些紧张。突然，你双手合十，像是祈祷一般；或者用一只手紧握住另一只手。这个手势非常糟糕，泄露出你缺乏自信或是受到很大压力。不要把双手靠在一起，避免手势泄露你内心的秘密。

抓耳挠腮：啊？我也不知道

人们对某件事情不确定的时候就会抓耳挠腮。在一次演讲中，我与在座的一位总裁有过一番交谈。我向他提出了一个问题，这时他偏过头抓了抓自己的脖子。这个动作表示他并不知道问题的答案，于是他的回答也就变得无关紧要了。

抚摸脖子：压力真大啊

人们在感到压力的时候通常会伸手抚摸自己的脖子。这个保护脖子的动作表示大脑正在思考当下所承受的压力。

如果看到别人做出这个动作，你要特别留意正在讨论的话题是否让对方感到压力，但自己尽量不要做这个动作，特别是在谈判的时候。

脖子也是一个让人遐想联翩的性感区域，想要充分利用这块区域的优势，你可以轻柔地抚摸脖颈与胸骨之间 V 字形区间和锁骨周围，这是一个让人解除警惕的动作，仿佛在说："我对你不设防。"

梳理动作：看这里！看这里！

不显眼地掸一掸衬衫，弄一下头发，这些带有某种诱惑力的小动作更加适合在社交场合进行，但在商业世界里，这些动作很不适宜。

双手插袋：我不是一个开朗的人

男士经常会做这个让他们觉得舒服自在的动作，但是这个动作代表着不安全感和遮遮掩掩，让人觉得这个人正试图藏匿什么。手部动作是人们特有的交流方式，当我们把双手藏在裤兜里，实际上就阻断了交流。还是把双手放在外面吧，让丰富的手部动作展露你的个性。

拇指朝外：我浑身是劲！

手指与脚趾的不同让灵长类动物从其他动物中脱颖而出，而拇指则是所有手指中最强有力的一个，因此也是最有说服力的表达工具。在交际中，你要确保让自己的手指露在外面。

脚打拍子：我很兴奋！

人们会控制自己不在脸上流露太多七情六欲，可往往忽略了脚部动作同样也会泄露自己的秘密。当我们听到好消息时，我们会用脚打起拍子，兴奋之情一览无余。

焦急不安的双脚：我控制不了我的情绪了

双脚可以表露高兴的情绪，也可以表露焦急和生气的情绪。当人们心神不宁的时候，常常会忍不住抖动双脚。人非常愤怒时，也会抬腿踢向坚实的地面来发泄怒火。跺脚一定是一种本能反应，因为失明和失聪的儿童一样会在生气时跺脚。

双脚交叉：我不赞同

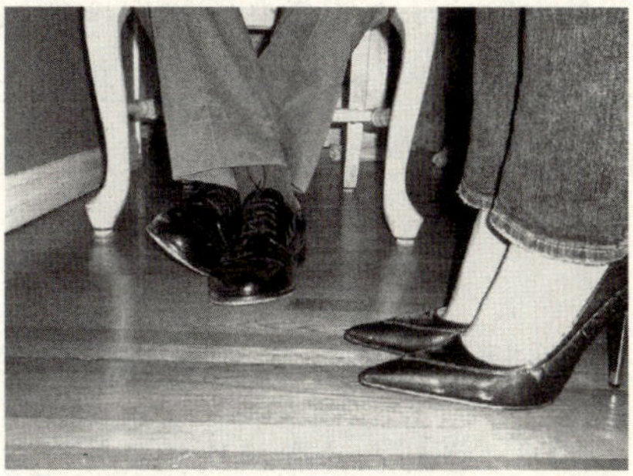

双脚在脚踝处互相交叉。

双脚在脚踝处交叉这个动作意味深长。一般来说，这个人拒绝进一步交流，他正处于防御状态，或者是对当前的情势感到不自然。

在商务环境下，这个动作可以理解为："我不同意你的观点。"

这世界需要甜蜜的触摸

我相信人与人的每次触摸都能令这个世界更加美好。每一段情感关系都有高峰和低谷，当人们陷入低谷的时候，往往觉得了无生趣，于是选择结束婚姻。我们应该知道在前方某处依然有着连绵起伏的高峰，两个人需要在身体与精神上互相扶持，才能找到新的感情增长点。时常触摸爱人的身体是非常有用的方法，你会发现两人之间不断有爱的小火花，这小火花令疲惫的双眼依然能够寻找到迷人的风景，幸福就像船锚一样深深留在彼此的心灵深处。

僵硬的动作：我可不想露馅

你正在参加一次愉快的求职面试，你谈笑风生，努力着给面试官留下一个绝佳印象，当他问起你有没有前工作单位的推荐信时，你给出了肯定的回答，你说某某公司的吉米可以为你写一份详尽的推荐信。

"某某公司？"他说，"那你认识艾琳·史密斯吗，她是我的一个朋友，以前就是那个公司的。"他提到的艾琳·史密斯恰恰是曾经与你交恶的同事。

"艾琳·史密斯？真遗憾，我想不起有这个人了。"你撒了谎。

现在，注意观察一下自己身体的变化，先前谈笑自如的状态已经一去不复返，你的双手僵硬了，手臂的摆动也不自然了。这突如其来的冷场感觉其实是大脑为了不犯愚蠢的错误所作出的直接反应，可是这个过于生硬的转变却让你先前苦心营造的好气氛也随之终结，面试官即使不懂非语言交流方面的知识，他也会察觉到这一点。

扩展动作和收缩动作

当处在具有挑战性的环境中时，男性会做一个深呼吸来扩大胸腔，两腿分开站立，双手叉腰。这个动作显然不会出现在吃早餐的时候，也许他这么做时正陪伴在女友身边，而不远处正好走过一个帅哥。他挺起胸膛向女友展现自己强健的体格——其实，就算女友并不在场，他也可能会这么做。

女性在这样的环境下也会有同样的举动。如果说男性会扩大自己占据的空间来表现支配地位，那么女性想要吸引男性时则会扮演脆弱、无助和孩子气的一面。她们不会大大咧咧地分开两腿地坐着，而是会把两腿并拢，胳膊肘往后缩。男性天生就喜欢小鸟依人的异性，于是女性在有意或无意中慢慢发现，越是楚楚可怜，就越是能吸引对方。

遮羞动作：我很脆弱

用双手挡住生殖部位是脆弱的表现。人们做出这个动作常常是为了防止受到生理或心理上的伤害，这个动作给人以安全感，因为关键部位已经得到“保护”。遮羞动作不一定要用手，也可以用公文包、笔记本——总之任何能遮挡下体的东西都可以。

测量动作：尺寸有这么大！

测量动作又叫手掌比画，这个手势有两种不同的方式。当两只手掌隔开一段距离，仿佛在形容“那条鱼有这么长”，这时这个动作被用来强调某样

事物很大。如果有人手掌比画的距离跟他口中所说并不相符，你可以由此判断他正在说谎。

仔细观察手部动作的幅度。“我最近涨了不少工资。”（两手隔开 6 英寸左右的距离）“可惜保罗就没那么好运了，工资还是原地踏步。”（两手隔开 12 英寸左右的距离）你的动作告诉大家，保罗才是得到丰厚加薪的人，而你只涨了微不足道的一丁点。

测量动作还可以是用一只手或两只手在空中作势劈砍。只用一只手可能是用来强调说的每一个字，用两只手则是用来增强语气，并展示说话人的慷慨激昂。一般来说，情绪越饱满，手抬得越高，劈砍动作越慢。另外，手掌平行在空中劈砍的时候，手指略弯还表示说话人对自己所持的观点非常自信。

侧身动作：谈话到此结束

面对喜爱的人，我们会正面相对，而遇到不喜欢的人则会转过身体，与他的身体形成一个角度，阻断彼此的进一步交流。人们有意做出这个动作，目的是让对方明白自己想离开了。因此，如果你看到别人对你做出这个姿势，你最好知趣地走开。当身体转向左边或右边时，人们也就阻断了与别人的直接联系，而且距离越远越表示没什么兴趣。

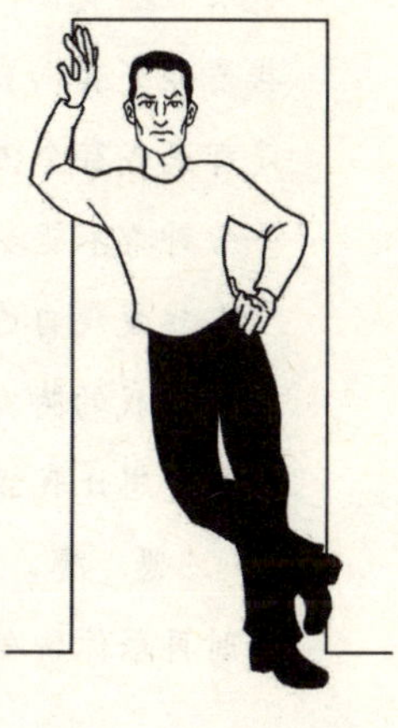

侧身动作也可能是无意中发生的，它透露出人们对某个人的态度犹豫不决，正处在思想斗争中。如果有人有意与你拉开角度，就算你没有在心里琢磨过，你也能很快感觉到这点。有时候，侧身动作代表强烈的厌恶。不过，有时候这是因为人们对于直截了当的正面接触感到害羞和不自然。

我在给人做培训时经常让学员们组队进行角色扮演。我给每对学员一人一张卡片。一张卡片上写着：“你的任务是不断与对方建立良好的关系。”另一张卡片则写着:“你的任务是不断避免与对方建立良好关系。”学员们都不知道对方卡片的内容。在他们交流过以后，我邀请一组学员站到教室前面向大家介绍他们的交流感受。

谈起交流时发现的各种信号，学员们说道:

“他总是不断往后退。”

“那是因为你不断侵犯我的个人空间。”

“你没往后退之前我可没有侵犯你。”

“错了，你一开始就快贴到我脸上了。”

他们的反应告诉我们，如果一心只想着怎样达到自己的交流目的，我们就会彻底忽略谈话对象传出的冷漠信号。我们一定要随时注意与人交流时那些大大小小的拒绝信号。

案例直击

看不懂暗示的新朋友

我一直是一个乐于倾听的人，因为我知道这是建立良好关系最快速有效的方法，但是不久前我对此有了重新的感受。我在参与一次演出时遇到了一位偶然结识的朋友，她走上来同我大谈特谈她的新工作、新男友、新做的隆胸手术，还有关于她的一切事情。(我在前面说过，要建立良好的关系最快速的方法就是让其他人聊聊他们自己，每个人都会乐意有人倾听。)我与这个不怎么熟的朋友以前也有一些交谈，她知道我无论如何都会一直耐心地听她说下去，紧接着她还会向我提出一大堆问题，她也明白我总是很乐于回答。可是那天我有个孩子恰好生病了，我心急如焚地想赶回家去照顾孩子，一分钟都不能多待，而这个朋友却拉住我说个不停。

我发现自己紧紧扶着墙，这正是想要从某个情境中挣脱出去的信号。我的脚尖完全朝着大门，我刚想迈一步，这个朋友却拉住我的手臂想让我留下来。

“嗯，嗯，我明白你的意思。啊，是的，我完全同意，下次见面时再跟你聊吧。对的，我想你这么做绝对正确。嗯，嗯，是这样，回头见。”当我一边说一边离开的时候，她也快步跟了上来，一直跟着我走出大厅，又跟着我拐进了洗手间，我不得不在厕所隔间里多待一会等她先走，她一点都不明白我其实想要离开的心情。

我已经向她发出了各种各样的信号：我避免注视她，我的脚尖朝外站立，我很少回应她说的话，我甚至还口头表达了想走的意思，可是她都没有领会。

当两个人的对话结束了，那就适时结束吧。我们要学会看懂各种暗示，很可能因为你说错了什么，但也可能对方只是急着回家，或者她紧接着还有别的约会，或是已经早起工作了一天，需要安静一下。如果一味地想要与谈话对象搞好关系却无视对方的肢体语言信号，不但不能让交际局面转向对自己有利的方向，反而会毁掉成功的机会。

自我激励或抚慰：一切都会好起来

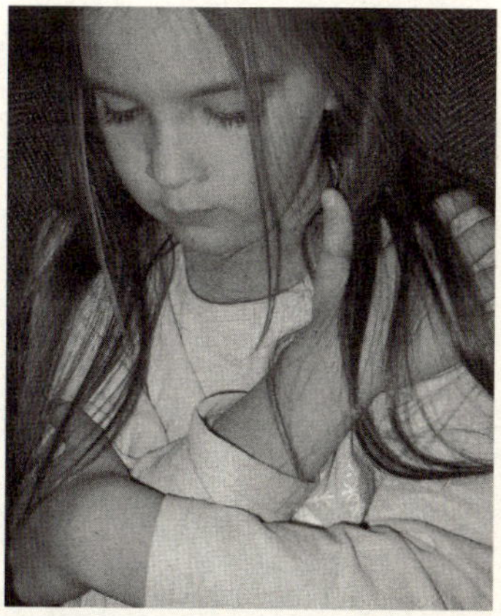

我们身体的某些部位要比其他部位拥有更多神经末梢。例如，大腿根部有很多神经末梢，交叉双腿或打开双腿这一带有性意味的动作都能刺激这个部位。

当我们抚摸或是揉捏自己的时候，其实是在给自己一个小小的拥抱，这个小小的拥抱可以产生很好的效果。心情越是压抑紧张，自我激励或自我抚慰动作就越管用。自我抚慰动作有很多，比如轻触自己的脸、嘴唇和脖子，抚摸手臂或握紧双手，还有抚摸自己的面孔（特别是额头），身体前俯后仰，把玩着头发，按摩一下脖颈，手到处抓来抓去，按捏手指，甚至扯耳朵这些小动作都算。

克制着不去做任何手势：我正在撒谎

一般来说，当一个人藏着一些不想让人知道的事情，他们往往会从潜意识里克制自己不做任何手势动作，以为这样就不会泄露秘密。然而，接受过一定非语言交际培训的人能察觉到对方手势从有到无的细微变化，于是就看出这是一种欲盖弥彰的表现。人们总是以为只要保持不动就不会泄露什么信息，这其实是一种冻结反应，也就是说大脑意识到有可能会被看穿的风险，人们就会停止动作，使自己不被人注意到。

Q&A

读者：你提到了肢体语言禁闭，这到底是什么意思呢？

托尼娅：我们为了不泄露关于自己的信息，经常会停止非语言方面的交流。比如说，我们克制自己不去表露对某人的失望，又或者是努力保守秘密。换句话说，肢体语言禁闭就是你不想让自己的感觉或意图从身体动作上表露出来。

用运动员起跑姿势坐着：我想离开了

身体前倾，两手搭在腿上，这个坐姿表示她随时准备起身离开，因为这不是一个放松的姿势。当她采用这种坐姿，其实是在说：“我们下次再讨论吧”或是“我对你要说的事情没有兴趣”。

第3节

脸部微表情所泄露的秘密

人类面部43%的肌肉通过细微调节可以组成大约1万种不同的表情。（保罗·埃克曼）

点头：我同意

点头表现为理解和认可。点头的时候动作一定要慢，一边认真听别人说话的内容，一边在适当的时机点头示意，否则点头就好像在说“快点，快点”。有研究显示，女性趋向于边听别人说话边点头，不管是否同意他们的说法；而男性则只在同意对方观点的时候点头，这一点很耐人寻味。

女性点头次数更多

《女性心理季刊》（*Psychology of Women Quarterly*）上曾刊登过一篇研究文章，认为高校里的女性比男性点头的次数要多，学生听教授讲课时点头次数也比听同辈说话时多。当教授讲课时，男女学生点头的次数大致相同，而同辈间说话时，男性点头次数较少。因此可以得出一个结论，男女点头的频率受对方身份而不是说话人的性别的影响。

见面或告别时的亲吻：我喜欢你

见面或告别时的亲吻通常是脸颊对脸颊。我认为，在美国与人初次见面就亲吻是很不适当的。

> 记得有一次，我进摄影棚为一项公益活动拍照，一起工作的还有一个六人小组，包括化妆师、形象指导和摄影助手。他们是一个很热情的团队，我们彼此拥抱，就像是认识多年的老朋友一般。六人小组中只有一位协调员与我接触很少，他很少到拍摄现场，我们也就没多少机会相处。
>
> 拍摄工作完成之后，我与前五位工作伙伴亲吻拥抱告别，轮到那位协调员时，我犹豫了。气氛有一丝尴尬，我不知道该怎么做，最后我伸出手说了句“很高兴能够认识你”。几乎是在伸手刹那，我就后悔了。

我本该热情地拥抱他，如果我觉得与不熟悉的人拥抱有些拘束，我可以与他撞下肩膀再退后。如果你与前面五个人都吻别了，那么按理也应该与第六个人吻别。就算觉得尴尬也没什么，你可以坦诚地说：“你看，我就是这样一个不拘小节的人，让我们来拥抱一下作为告别吧。”这样你就可以视情况换种告别动作了，千万别把一个团队的某个人区别对待。

摇头动作：不、不、不

不管你说什么，如果你的交谈对象总是持反对意见，摇头这个小动作就表露出对方潜意识里的真实想法。当有人不相信、不同意别人或是自己说辞的时候，就可能无意中摇头。我在电视节目里评点政治家和公众人物的时候，曾经看到过无数次这样无意识的摇头举动。

当你言辞上反对某人，并想强调自己的观点，你可以缓缓地摇下头。你还可以用摇头这个动作告诉别人你已经被逼到了极限。不过，摇头动作还是少做为好，特别是当自己在发表观点的时候不要摇头，不然传达的就是互相矛盾的信息。

摸摸鼻子：这场谈话让我不舒服

你也许听说过，当人们说话时摸着鼻子说明他们正在说谎。这种说法有点道理，不过如今高明的说谎者很可能也学会了一些技巧避免自己被看穿。匹诺曹效应（The Pinocchio Effect，由于激素受到刺激，引起鼻子上的毛细血管充血，使鼻黏膜膨胀，鼻子由此而肿大。——译者注）在任何紧张的场合都可能发生，比如你正在惴惴不安地等待年度工作考核或是升职面试，忽然你感到一阵突如其来的焦虑，血压骤升，这些都会令软组织膨胀，也包括鼻子部位。此时皮肤会感到刺痛，迫使自己不自觉地去摸鼻子。

当然，判断这个动作的意义要考虑当时的环境。有人摸着鼻子只是试图安抚自己的紧张，并不一定就是在撒谎。

转动眼球

这个有点盛气凌人的动作有时候也就是“翻白眼”，常常还伴着深重的叹息，说明你正感到无聊或是不感兴趣。这个动作带有一定的挑衅意味，表示轻蔑、讥讽以及对对方的不尊重。

低头俯首：我被打败了

当人们低头时，下巴后缩，看起来显得弱小，很容易受到伤害，这是一种无声的哀求。这个动作表示人们遇到了麻烦，也表示做动作的人不管发生什么都听天由命了。

目光朝下：我不敢直视你

这是一种顺服的信号，也意味着对某事没有把握，或者是遭遇挫败、内疚、羞愧、难堪。

“我的感受很强烈。”虽然嘴上这么说，但你的眼睛却垂下看着桌子。你表现得强大并自信吗？我不这么认为。

当然，这个动作同样也是要视情况而定，有时候目光朝下是调整情绪的表现。

撅　嘴

撅嘴时，下嘴唇突起，这是小孩子生闷气时常做的表情。女性可能会用撅嘴动作来激起男性的保护欲。当然，这也是一个挑逗的动作。

眨眼：Hi，亲爱的！

眨眼可以是挑逗的、友好的，也可以是阴谋的、诡秘的，当人们分享看法或是与人建立关系时都会眨眼。我曾经受邀在电视节目《欧瑞利事实》(*The O'Reilly Factor*)担任嘉宾，其中一个环节是分析莎拉·佩林的眨眼动作。在一段长度仅有23秒左右的电视短片中，我发现莎拉眼睛竟然眨了5次，这个眨眼频率相当有问题。

当人们过度运用表情动作（不管是什么动作）都会丧失动作本来的意义，变得不严谨而且可笑。

收缩下巴：怒了！

人们通过收缩下巴来表达轻蔑和气恼。生气时，我们会收缩下巴来保护这一容易受伤的部位。女性有时候也会娇气地把下巴往后缩，这令她们在男性眼里更加惹人怜爱。同时这个动作让女性的眼睛看起来更大，更具有孩童的纯真。

扬起下巴：我赢了！

人们扬起下巴，露出脖颈显示自己的能力和骄傲，表示自己毫不弱小，而且自信乐观。这个姿势表示他正处于上风，同时提升了自己的高度。

人们喜欢扬起下巴来强调某个观点，仿佛是在说："我赢了。"扬起下巴就是一种洋洋自得的动作。

从眼镜上方看人：您拿我寻开心吧！

这是一个轻蔑的动作。如果有人透过眼镜上方朝你仔细看，你会觉得好像被一台显微镜扫视，产生这种感觉一点都不奇怪。同样，如果你透过眼镜上方去看人，也会给人评头论足的感觉，让人觉得你既冷漠又盛气凌人，会让人感到不快。

紧闭嘴唇：我正在努力不让自己说出来

这个动作预示着愤怒、悔恨或羞耻。当人们心中涌起这类情绪，便会紧紧闭上双唇。克林顿总统在谈及与莱温斯基的丑闻时，让全世界都记住了他紧闭嘴唇的形象。因为潜意识里，人们认为紧闭嘴唇可以阻挡伤害，也可以控制自己不说出任何事情。

这个动作和咬住嘴唇会动用同样的嘴部肌肉，做动作的人以此来控制自己的怒火，这其实是古老的爬虫类脑准备进入战斗的信号。我们可以发现，不少惹上性丑闻的政客都有这样的动作。如果有人气鼓鼓地盯着你，同时紧闭嘴唇，那表示他正在努力遏制想来咬你的冲动。

乔治·布什正紧闭双唇。

嘴巴向内抿：我收回我的话

这个动作和紧闭嘴唇意思差不多，都代表挫败和守口如瓶。著名影星凯蒂·赫尔姆斯 (Katie Holmes) 就有许多这种表情的照片。嘴巴朝内抿是很典型的受到压力又竭力遏制的表现，做出这种表情的人通常承受着某种压力和挫折。有的人在集中注意力思考时也会这样做，不过这常常给人以优柔寡断、紧张不安和不可靠的感觉。

匆匆一瞥：你吸引我了

男女之间看异性的方式是截然不同的。对感兴趣的人，男性会直截了当地注视，好像一头狩猎中的动物；而女性往往只是快速地扫一眼。由于女性用不着直接注视对方，她们的窥探的眼光就不那么明显，有时甚至不被人觉察。

延长眨眼闭眼时间：我不想听这些

我曾在某期电视节目里分析过麦莉·塞勒斯 (Miley Cyrus) 在 2008 年接受芭芭拉·沃尔特斯（Barbara Walters）采访时的肢体动作。

当沃尔特斯把话题转向麦莉和尼克的情变时，麦莉整个身体都呈现一种封闭状态。她双臂交抱，两腿交叉，身体前倾，嘴巴也略微皱起。总而言之，她潜意识里想令自己看起来更柔弱。

“对于你们的关系，”沃尔特斯告诉麦莉，“尼克说只能退回到好朋友的关系。”

麦莉的回应是紧抿嘴唇，同时眨眼时闭眼的时间变长了。她并不想听到沃尔特斯转达的消息。通过闭上双眼，不想接受的事情就不会被接受到，因为它们都被挡住了。

延长闭眼时间是人们感到不愉快时启动的保护机制。当我们听到或看到那些让自己气恼、痛苦或不认同的事情，抑或感觉遭到冒犯时，我们的眼皮闭合时间就会比正常眨眼持续更久。这个无意识的动作往往不被普通人所注意。

斜眼看：别让我看到这些

斜眼能够阻挡视线，避免潜意识遭受耻辱和尴尬。当你在看惊悚片时用手遮住眼睛，就是不想让那些恐怖的画面印入脑海，斜眼看也是一样的目的。

2009 年，前亚特兰大老鹰队四分卫迈克尔·维克由于虐狗事件入狱 18 个月后，第一次接受了《60 分钟时事杂志》(*60 Minutes*)独家专访。我曾在电视节目《欧瑞利事实》里分析过他的肢体语言。

> 迈克尔·维克:从我入狱的第一天,狱警在我身后重重地摔上门的那刻开始,我就意识到我以前作的那个决定有多严重,你也知道我受到了法庭判决。还有,你也知道我对动物做的那些事情。当然,你也知道没有什么办法可以去解释。你也知道我当时多么难受和后悔。我为这个事情哭了很多个夜晚,也意识到了自己的错误。
>
> 詹姆士·布朗:你为此哭了很多个夜晚?
>
> 迈克尔·维克:是的。

在25秒里,迈克尔·维克一共说了4次“你也知道”。人们总是在感到脆弱时反复说着同样的句子。此外,他还做了一次视觉阻挡动作和三次舔嘴唇的动作。当时他正在诉说他为虐狗的行为感到羞耻,但他给我的印象是他为自己受到审判而感到耻辱和蔑视,而非在后悔自己强加给动物的痛楚。

嘟着嘴:你竟然指望我相信那些?

把嘴唇撅成圆形给人不同意的印象,似乎正在沉思着什么,通常还会眯起眼睛。这个表情说明对方对你说的话并不买账,态度正在同意、不同意和怀疑之间摇摆。这个时候你应该停下来,重新思量一番,换种方式去说服别人。当然,还有一种情况,对方这样做很可能是想要得到一个甜蜜的亲吻,这时候你就可以趁热打铁了。

歪着头:我听到了

这个举动通常表示柔弱无助,即便是动物歪着头,也是表示顺从的意思。有研究认为,当人们把头朝右边倾斜会让人感到更可信;而把头朝左边倾斜则看起来更吸引人。

不管朝哪边倾斜，这个动作都表示一种兴趣，有助于营造默契，令人浮想联翩，更带着一丝羞涩。当聆听别人说话时采取这个姿势传达的是积极肯定的信号，而当自己说话时，这个姿势就显得有些唯命是从了，我们在说话时头部应该保持正中。

咬嘴唇：我可应付不了

人们咬嘴唇通常看起来很局促或是羞涩。这是一个孩子气的动作，人人都知道这个动作意味着柔弱无助，等于告诉全世界你缺乏自信。轻咬嘴唇也可以是一种挑逗，给人留下非常年轻、害羞和纯真的印象，但仅限于轻轻咬下唇，咬上唇则无疑是焦虑不安的表现。

用舌头舔舐牙齿或嘴唇：压力太大！

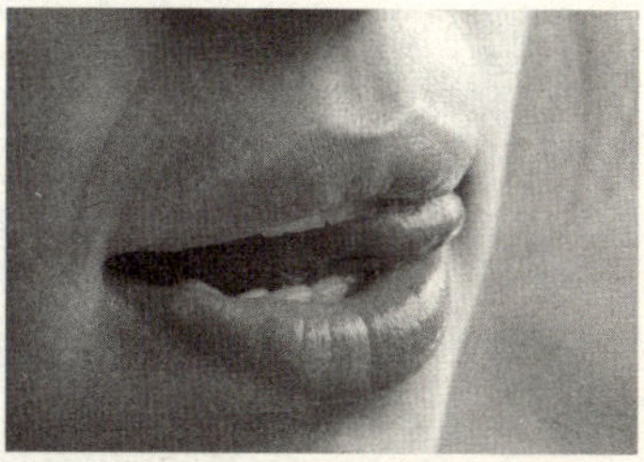

做这个动作时，舌头沿着嘴唇或牙齿前面由左到右或是由右到左地舔舐，或是把嘴唇抬高再放低。在战斗或逃跑这个反应过程中，唾液分泌减少，因此当人们受到巨大压力的时候（比如在演讲、研讨的时候）都会感到嘴唇干燥，此时神经系统一旦被触发，就会让你做出舐嘴唇的动作。在人们感到紧张而舔嘴唇的时候，舌头快速地伸出来滑过上嘴唇，再卷起来舔过下嘴唇，最后缩回口中。

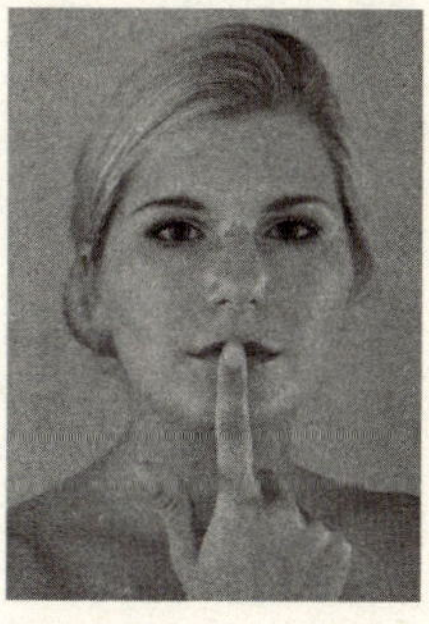

触摸嘴唇：我正在想事情

嘴唇是极其敏感的部位，触摸嘴唇可以看做是一种自我激励和安抚的动作。

我们经常竖起食指放在嘴唇前，表示对正在进行的事情暂停一会儿，这个动作于是带上了冥想的意味。有的人在进行深度思考时喜欢抚摸并捏着他们的嘴唇，这个动作可以让他们更加集中注意力。

女性会开玩笑般地吮自己的手指来安慰自己，或是挑逗别人，男性偶尔会这样做。另外，我们在构思什么想法的时候也会抚摸一下自己的嘴唇。不过有时候，用手盖上嘴唇（包括手指指着嘴唇）实质上是在掩饰撒谎。

突出下巴：我看到你了，只是放不下姿态跟你说话

这个动作代表认可和承认，通常人们可以用这个动作来打招呼，而不需要说出问候的话。这是一个典型的支配型人士做的动作，表达出优越感、无所畏惧和傲慢。

比尔·欧瑞利示范扬起下巴的动作。

瞳孔放大：这个我感兴趣

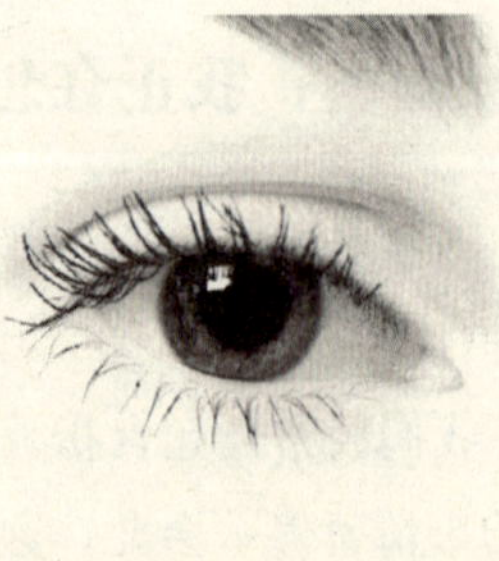

瞳孔的缩放虽然隐蔽，但也是可以解读的生理反应，它随着情况的不同而变化，可以从针尖大小变成豌豆大小。瞳孔的大小可以明确“告诉”人们瞳孔的主人对某事是否感兴趣。如果照明环境没有什么变化，而瞳

孔大小却发生了变化，你可以把这视为某种暗示。放大的瞳孔表达出喜爱、友好、兴趣和吸引力；而缩小的瞳孔则表示厌恶和无聊。人们玩扑克的时候戴上一副太阳眼镜，目的也是为了不让其他玩家看出自己手中牌的好坏。

摸下巴：决策，决策

同紧闭嘴唇一样，摸下巴也是一个表达深思熟虑、有所思量的动作，说明做动作的人正在陷入沉思，你需要密切注意他的下一个动作是什么。如果接下来是一个积极正面的动作，比如身体前倾，那说明悬而未决的问题很可能会得到肯定的答复。

女性突然探出手腕：你可以靠近我

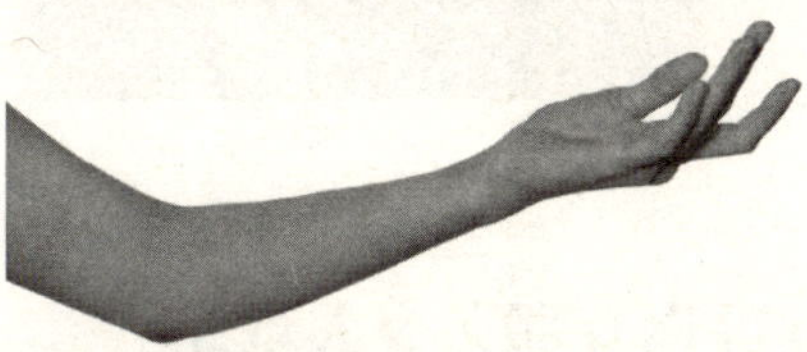

当女性探出手腕、现出手心，表示她感兴趣。

女性向男性现出手腕是一个充满挑逗意味的动作，因为手腕内侧属于较为柔弱的部位，同时也是唤起情欲的部位。女性探出手心，这是传达情欲方面的信号，也是对对方感兴趣的表现。

男士卷起袖子：我很有魅力

女性觉得卷起袖子的男士很性感；卷起袖子露出前臂展现出男子汉的气概和雄性的力量，有一种肉体上的吸引力。

卷起袖子露出前臂来展现你的男性气概和力量。

呼出一口气：我感到很挫败

在胸腔里吸满空气之后重重地呼出一口气，这个动作表明你心中不满或有一种不确定感，或者两种感觉兼而有之。根据不同的情形，深重的呼气可以意味着你放弃抗争抑或接受命运的安排。当你听到周围其他人发出这样的叹气，他其实是有意识地想让你知道他对你所说的话感到不开心。

用手托腮：我感到无聊

这是一个很典型的动作，托腮要么表示佯装感兴趣，要么表示无聊或疲劳。一般来说，当人们轻轻托起下巴，说明他正努力表现出对周围事物感兴趣；而当脸部深深埋入手掌，则说明他已经疲劳或是感觉无趣了。

手指由下至上划过脸颊：我不觉得你有那么令人难忘

这也是一个带有评价意味的动作，区别在于：当手指缓缓划过脸颊，往往表示一种批判或判断。

吐舌头：讨厌

猛地伸出舌头是一个负面的表现，代表欺骗、煽动或苦恼。这个动作与耸肩有些类似，通过动作揭示对方所说的话与真实意图之间的矛盾之处，以此表达出不同意的意思。

咬紧下颚：我很想咬你一口

人们在愤怒和痛苦中咬紧下颚，颚部的咬肌紧缩。这个动作要么会引起交流对象的恐惧和反感，要么会招来对方的怒火和挑衅。

身上泛起红晕：我很尴尬

身上泛起红晕通常源自恐惧、愤怒或是害羞。当“争斗 — 逃避”这一反应系统被激活，交感神经便开始兴奋。从交感神经开始，人体血管胀大，于是面部、耳朵、脖颈、胸部全都泛红，就像天线一样把你的紧张、尴尬展露无遗。

当意识到自己正在做的动作所传达的信息，你就可以运用有助于交际的动作代替那些有负面效应的动作，避免影响良好的关系。当然，与此同样重要的是，认识别人的动作，你就能够看出别人的言外之意，也能够读懂别人的真实意图。

当然，非语言交流并不仅仅是肢体动作和表情这两样，还包括我们怎样善用（有时候需要错用）彼此的个人空间。

YES

第4节

别靠得太近，但也别离得太远

说到交谈距离，谁不讨厌那些说话凑得很近的人？他们恨不得凑到你的嘴跟前来说话，好像你是汽车餐厅窗口的小丑一样。（杰瑞·宋飞）

还记得电视剧《宋飞正传》(*Seinfeld*) 里那个喜欢凑到别人跟前说话的人吗？他到处与人交谈，侵犯每个人的私人空间。我想没有一个人会对这样的说话方式感到舒服，只是有时我们自己也分辨不出到底怎样的交谈距离是合适的。因为我们通常不会觉察到自身对别人空间产生的影响，而只有当自己的个人空间受到侵犯时才会产生这样的意识。我们每个人都置身在自己的安全罩之中，当这个无形的罩子被戳破，就会产生被侵犯的感觉。

随着个人境况的改善，我们的个人空间也会逐步扩大，并变得愈来愈坚固：从格子间到办公室，再到行政套房；从政府为低收入家庭提供的公共廉租房到私有公寓，再到高级公寓；从公交车到火车，再到带有私人休息室和宽大舒适座椅的飞机头等舱。

比起在飞机或是电梯这类逼仄的空间，人们在宽敞的空间里感觉更为舒服。

就像百兽之王狮子统领着大片疆土，具有极高身份和地位的人们也拥有着最宽广的个人空间。

人们既想拥有不受打扰的私人空间，又希望与他人有所交流，总是在这两种想法之间努力寻求平衡。围绕在我们周围的安全罩会随着情绪波动、人际关系变化和所处环境不同而放大或缩小，还能够与其他人的安全罩的变化相呼应。当我们与同事肩并肩站在电梯里时会感到非常自然，可是一旦电梯门打开，一人紧贴着另一人步出电梯，前面的人便会急急走开，拼命逃回自己的办公室。

认识个人空间的界限，学会如何与他人舒服相处，这两点都极其重要。人们个人空间的尺度经常会发生变化。专家发现，人们怎样把握个人空间的尺度，在很大程度上体现了个人的身份和当时的状态。为研究性别对这方面的影响，人们又专门设计了一项实验，观察在大型公共场所中哪些人的个人空间容易受到侵犯。在一处熙熙攘攘的公共场所，研究人员让实验对象两人一组地面对面坐着（组合情况有：女性与女性、男性与男性、女性与男性），两人之间的距离约是 26 英寸。这样分组的目的是观察哪种性别组合容易被川流不息的人群“打扰”。椅子与椅子之间的距离被设定为 21 英寸左右，这样路人也可以选择从椅子中间穿过。统计结果出来，大家都吃了一惊。在总计 1 181 名过路人中，绝大多数人都选择从坐着的人们身边绕过；而那些选择从人堆里穿过的过路人中，从两名女性中间穿过的次数高达 53.5%，从一男一女间穿过的次数占 29%，从两名男性中间穿过的次数仅占 17%。

这项研究表明，**当人们在有限的空间里进行互动时，受自感因素的影响，他们更倾向于侵犯某一类人的个人空间**。研究人员认为，与男性相比，女性的个人空间更容易受到侵犯，这表明女性在人们的观念中依然没有男性的地位高。

我们会用各种各样的东西来给自己的空间做标记。比如在游泳池躺椅上搭块毛巾，或是在教室座位上留个书包。一旦我们给自己的地盘做了标记，就不希望有任何人来扰乱。举例来说，在大学教室里，如果平时常坐的位置被人占了，那个学生就会很不高兴。在商务会谈中也会发生同样的情况，除非座位已经被预先安排好了。根据以往我的工作经验，人们会用文件夹、笔记本、咖啡杯等物品来给自己占座。在开会时，他们给自己的位置做下标记，当再次进入同一会议室时，他们会理所当然地认为曾经做过标记的那个座位属于自己。有时如果想不起是哪张座位，他们还会觉得惊惶不安；要是那张座位已经被其他人占据，他们还会十分恼火，哪怕那个座位原本就是公用的。

我的好朋友黛比就有这么一段非常好笑的经历。我曾经告诉过黛比，有一项研究显示，每当我们与另一个人在桌边坐下来，这张桌子的空间就会被一分为二。黛比决定验证一下这个说法，有一次当她与男朋友共进午餐时，黛比悄悄地往男友那半边的桌上放东西，一会是餐巾,一会是用过的盘子,一会又是一把叉子。每次她把东西放过去，她都发觉男友有些不满，几秒钟过后又会把那些东西不动声色地挪到黛比这边来。待她捉弄了他好一阵以后，黛比的男友终于忍不住生气地说："你老把这些该死的东西放到我的桌上干吗？"他的桌子？这桌子明明是属于饭店的。桌子既不是黛比的，也不是她男友的，只是当他意识到黛比屡次侵犯他的个人空间，他就无法忍受了。

1955年，瑞士动物学家、苏黎世动物园前董事海蒂格曾描述过动物之间有四种互动模式：逃走距离（动物能够安全逃脱的距离）、临界距离（躲避攻击所必需的距离）、私人距离（同一种动物间比较亲密的距离）以及社交距离（同一物种间交际的距离）。

这一理论成为爱德华·T. 霍尔研究发现的基础，他在1966年提出了空间关系学这一说法，至今仍是人与人之间空间距离的重要分析工具。霍尔指出，在不同的文化下，人们对个人空间有着不同的适宜标准。在北欧，人们站得太近就会觉得不自然；而在拉丁文化圈，人们的私人空间要窄小得多。

我们都曾经在拥挤的车厢与陌生人紧靠着坐过。那时候你一般会做些什么事呢？人们一般会捧着本杂志，弓着背打电话或是查看短信息，眼光互相避开，耐心地等待到站下车。相比之下，如果是在空旷的酒店大堂，人们三三两两地站在远处，你就不会觉得有任何不适。霍尔据此精确阐释了四种个人空间模式：亲密范围、个人范围、社交范围和公众范围。

亲密范围

这一范围适用于窃窃私语和爱抚时，我与我的丈夫肯尼在一起时就完全适应这种相处距离。

亲密范围仅有 6 ~ 18 英寸，人们在这个范围内窃窃私语和爱抚，这一距离适用于配偶、伴侣、子女和挚友之间。这个范围使得你能够注意到对方的方方面面：她的气味、肤色，甚至是她身上散发出的能量。对于那些急于踏进这一范围来示好的人，人们总会表现得十分谨慎。

在培训课上，我总会邀请学员走上讲台来示范空间关系以及它对我们的影响。我通常会邀请两位男士和一位女士分别来做示范，我让他们在觉得私人空间被侵犯的时候就喊停。

每一次不同的培训，都会发生同样的情况。绝大部分男士（并非全部）都能接受我与他们以鼻尖对着鼻尖的近距离靠近，而且他们都会既兴奋又激动地宣称自己没有被女士侵犯的感觉。当然，他们耳朵会发红，偶尔脸上还会淌汗，有时候他们甚至会把脸转开，但他们依然证明了自己的话，他们都允许我踏入他们的个人空间。当女士进行示范的时候，往往在距离她们一米的位置就会喊停，并且承认我再靠近就会让她们觉得不舒服了；如果由她们主动走近，她们也会在这个位置止步。请记住，如果你急于踏进别人的个人空间，他们会有同样的感受。作为一个喜欢用拥抱表达感情的人，我很喜欢去拥抱别人，这可算作是各行业很标准的问候动作——比握手更友好，但又不像亲吻那么私密。不过，这仍然会触摸到对方，毕竟不是每个人都愿意与亲密范围以外的人有如此近距离的接触。

跟人咬耳朵说悄悄话也是一样。同事之间有时出于工作需要会凑近低声说话，但是请不要过于主动，你需要确定对方是否愿意跟你如此靠近。异性之间拥抱、私语或是分享亲密范围的信号十分复杂，但又很明显，偶然遇到的同性之间也是如此。如果你的谈话对象还没有同意，那么你的贸然靠近将是十分冒险的举动。

个人范围

比较亲密的个人范围一般是2～4英尺。

个人范围是2～4英尺。这个距离属于朋友和家庭成员之间。与朋友一起喝杯咖啡，与同事一起喝杯酒，这些都属于此范畴。肩膀相碰，拍拍对方的背，这些都没什么大不了的。一旦你习惯了这样相处，就会在个人范围里觉得很自在。不过你也会发现，尽管人们在这个距离内不害怕发生身体接触，但是当他们感到不舒服时，还是会用笔记本、公文包之类的东西做隔挡以维持自己的安全罩。

多年前，我参加一次催眠研讨会，在会上正好看到了一位男士试图与另一位女士交流的过程。当时她正坐在会议室后面的课桌后（是那种只能从一侧坐下去的座位），他走上前，站在课桌开口的一边，把她锁在了两英尺见方的空间里。由于她正坐着，而他站立着，从她的角度看就显得他很有胁迫感。后来他告诉我，他只是想随意上前交谈，可她却开始四下张望，好像一头困兽正在寻找逃生的出口。在那样的情况下，她心跳加快、血压升高、皮肤紧绷、大脑高速运转。

尽管我听不到他们说了什么，但我还是能看出她很紧张，于是我马上向他们走去。当我走近后，那位男士侧过身让我过去，而她明显松了口气，好像终于从笼子里释放出来一样。

社交范围

这个范围是4～12英尺。一般来说，这个距离对业务交谈已经足够，而对于私密交谈就显得稍远。这个距离适用于普通熟人之间，比如教授讲课和业务员进行推销。

公众范围

这个范围是 12 ~ 25 英尺，甚至更远。这属于霍尔提出的“反应气泡”(reaction bubble) 外缘，一般适用于公众演讲，是表演者和观众、政客和民众、名人和崇拜者之间的理想距离。在这个范围内，人们可以看到、听到彼此，但无法接触。当我向人数众多的听众演讲或是参加大型会议时就采用这个距离。

公众范围，教皇在梵蒂冈问候他的教众。

肢体语言会决定人们对待你的态度。看着对方的眼睛，微笑，摆出优美的姿势。**你走路的时候昂首阔步，人们也会认为你目标明确，是一个重要人物**。个人空间对某些人来说是精神家园，不能随便侵犯。人们的安全罩其实十分脆弱，会随着年龄、身份地位、吸引力和性别的不同而变化。人们虽然不会直接说：“你侵犯了我的个人空间，我不想同你交朋友。”但人们总会通过一些不经意的动作表现出来。

当你过于逼近时，有人可能会往后缩，也有人会往后退开几步，还有人也许会侧过身去。如果你们正围坐在桌边，别人可能会用书本堆在你们之间或者身体往后仰；也可能踮起脚，交叉胳膊，或是僵坐在座位上拒绝眼神交流。所有这些动作都是无声的呐喊：“离我远点。”

他后退一步，你紧逼一步，一进一退间的身体侵犯就产生了。我们需要注意观察，学会理解这些信号所代表的意思。一旦你从肢体动作上看到对方有所迟疑，如果你正在说话，就压低嗓门，慢慢退开。不要很突兀地后退，否则会显得你容易受人摆布。你要克制住那些放肆的举动，有时候需要小心把握个人空间的距离。当然令人舒适的相处距离不是一成不变的，每个人可容许的距离不同。

2009 年 7 月，奥巴马总统在白宫玫瑰园高调举办了“啤酒峰会”，由副总统拜登作陪，邀请了此前广受关注的黑人教授被捕事件的当事人哈佛大学教授盖茨和逮捕他的警官克劳利。两个星期前，警官克劳利接到报警去盖茨的住所调查是否有人入室行窃时，与盖茨发生冲突，他当即以妨碍治安的罪名逮捕了盖茨，盖茨认为这一举动明显是“种族歧视”。奥巴马总统评论警察的行为很“愚蠢”，从而进一步加剧了种族之间的紧张状况。

我在纽约《每日新闻报》(*Daily News*) 上撰文分析了他们的肢体动作。奥巴马的举止明确表现出他希望啤酒峰会能够化解此次危机。因此看到他们围坐在一张圆桌周围，我一点都不觉得奇怪。总统和副总统都穿着休闲衬衫，没有打领带，这暗合了奥巴马总统之前强调的，这只是男人间喝点啤酒的小聚。他的肢体动作传递的信息是：我要与你们友好相处，我卷起袖管，与你们一样是普通岗位上的普通人。

总统多次身体前倾，肩膀朝向克劳利，试图与他建立友好关系，但是克劳利并没有把身体朝向奥巴马。当奥巴马不再侧身朝向他时，克劳利的身体往后靠去。

克劳利的姿势仿佛在表明，他才是整个局面的主宰，哪怕与他喝啤酒的人是当今的美国总统。

现在你已经知道了怎样正确看待个人空间，但还有很多其他的讲究需要了解，比如在会议室、办公室和咖啡馆的小角落分别该选择哪个位置落座。

第 5 节

影响人们感受的座次安排

人类依然胜过最杰出的电脑。(约翰·F. 肯尼迪)

当你步入会场或是走进客户的办公室时，你的座位和其他人的座次可以告诉人们很多信息。在很多场合，你都会面临座位上的选择：主持大局的位置、感兴趣的位置、保持中立的位置，以及无关紧要的位置。座次对社交有着无可比拟的影响力，不管是在办公室、聚会、酒吧，还是第一次约会，你都可以从人们的座位上发现很多信息。在许多情况下，你可以安排人们在特定的位置落座，引导对方的感受，从而达到你希望的效果。

具有权威的座位

在长方形会议桌上，领导人坐在会议桌的一头，其他座位上的人会自然而然地朝这个位置看过来。越是位高权重，越能享有宽阔的空间，其他座位上的人则不得不肘碰肘地挤在一起。12 名陪审团成员走进会议室时，坐在会议桌突出位置的人通常会被选为主席来进行大部分发言，并主导讨论的方向。

会议桌的另一头通常是二把手的位置，如果两位领导者平起平坐，那么会议桌两头的地位也应相同。以家庭为例，如果妈妈坐在桌子一头，爸爸就应坐在另一头；以微软公司为例，如果比尔·盖茨在会议桌一头落座，那么首席执行官史蒂夫·鲍尔默的座位就在另一头。

主持大局的人通常选择在常规的长方形会议桌的一头入座。这个位置的左右两侧都是有权势的座次。

具有影响力的座位

当会议桌一端的位置空缺时，老板身边两侧的位置就是身份的象征。因为靠得近，可以享有很多便利。当老板需要一支笔，身边副手马上就能够献殷勤，他的身份地位随之抬高，其他人也会感觉到他的那种优越感。有两种类型的人会选择坐在这个位置——有影响力的人以及崇拜他们的人。

如果公司总经理坐在总裁身边，那么一个想要出人头地的追随者很可能会悄悄在总裁的另一边坐下。要是一起开会的是彼此知根知底的同僚，人人都看得出坐在领导旁边的人在拍马屁；但若是开会的人互不认识，他们就无从知晓，只看到那个人紧挨着主任就坐。

中立的座位

这个位置就在上面所说座位的另一侧，是个很容易被人忽视的座位，落座的人并不想要参与讨论，何况两边都坐着想表现自我的人。坐在这个平淡无奇的位置上，只要你不刻意表现，就不会引起别人的注意。

具有次影响力的座位

这个座位处于会议桌的正中，在中立座位之后。人们凡事都讲究对称，眼睛也很容易会看向居中的位置，如果你希望表现得热衷于讨论，不妨挑选这个位置就坐。但这个位置不如紧靠着老板有影响力，毕竟老板不会隔着几个人冲你说："嘿，中间的那位，给我递一支笔。"

看不见的座位

当你走进会议室，你看到在会议桌外围，沿着墙还放了一排座位，这排座位就是很难被看到的位置，它们甚至远离了会议桌。如果你想积极参与会谈，就应该避免坐在这排座位。

如果会议室很小，只够放下一张桌子，这会是什么情况呢？那么中立的座位就转变为看不见的座位。要是你不想参与讨论，完全可以靠在位子上拿张纸任意涂鸦。

其他座位摆放方式

不同的座位摆放，会给人不同的感觉，以上都是比较常见的摆放方式，还有其他一些不那么常见的座位安排。

团队式围坐

要想保证每个人处在同等地位，环坐在圆桌周围是最好的选择。一般来说，经理会用圆桌会议来调动大家的团队合作精神，这相当于在说："现在，抛开职务高低，在为公司建言献策上，每个人都是平等的。"在圆桌会议上，每个人感觉到的压力比较小。如果你不知道与会的人谁的权限大，你可以从每个人占据的桌面空间来判断。一般来说，级别高的人落座之后，会把手机、记事本和会议资料等物品松散地摊在桌面上，因为即便是圆桌会议，他们依然是决策人。

肩并肩就坐

这种方式被认为是最有利于解决问题和制订方案的坐法。人们传达的信息是这样的："我们都选择了同一边。"从座次上讲也确实如此。肩并肩坐下来，人们不需要直面对方，也就不会觉得有对抗的感觉。坐在别人的右侧还能让人感受到你的信任与合作态度。

隔着桌子面对面就坐

当我们在交谈的时候都不希望有什么东西隔在两人中间，因为这会阻碍我们与谈话对象的交流，也看不到对方下半身的肢体动作，因此也就无从观察对方的想法。我们都知道控制自己上半身的举动，但腿和脚的姿势往往会泄露关键信息。

根据我的经验，隔着桌子面对面坐着，会让人觉得好像是在受审。在我的职业生涯中，曾经接受过很多次采访，我坐在沙发上，采访的人在我身边的椅子上坐着，这比起面对面坐在桌边感觉好多了，因为消除了不少压力。

如果你不得不与人面对面坐下，你不妨偏过一点身体，避免正面交锋的姿势。坐下去的时候略作调整，让你的右眼与对方的眼睛对视。

直角形座位

这种坐法让人感觉亲密，可以达到双赢的效果。在这种情况下，你我之间没有任何阻碍，可以直接接触到对方的身体。你的眼光可以瞟向另一边，避免四目相对。另外，如果对方挪动身体，你还可以看到她下半身的肢体动作，瞟一眼她的脚尖指向哪里。

餐厅的座位

餐厅总是那么喧闹：俊男靓女来来往往，侍者不小心摔了盘子，银质的盘碟刀叉相互碰撞。我想你一定明白，要达到预期的交流目的，你要让交谈对象感到自己受到了前所未有的关注。尽管对方不一定意识到这点，但你需要表现得仔细周到，不能让任何事情分散了注意力。

我们常常会被身边的各种动静所吸引，眼睛也不由自主地看向别处。除非整个餐馆的人都在向你献殷勤，否则与人四目相接时，目光飘到别处是很不礼貌的事情。既然我们都知道这些礼节，就不应该让这类失误发生。

要想不出差错，我们必须确保交谈对象面朝墙壁坐着，只有自己面向嘈杂的人群。这一点非常重要，因为只有这样，你的交谈对象才不会分心。这么安排座位的目的是让他除了你和墙壁外再没有别的关注点。

在餐馆里，依墙而坐，这样你就是坐在对面的人唯一关注的对象了。

这个经验是从我的第一位上司那里学来的。有一次我们共进午餐，他选择靠墙而坐，于是我只能面向他一个人。落座后，他身体朝桌子靠过来，又精心调整自己的姿势，恭敬地把胳膊肘搁在桌面上，手臂像小学生那样交叠起来，继续拉近我们之间的距离。侍者来了，他依然注视着我的眼睛，问："你喜欢吃点什么？"

在整个就餐过程中，我们一直保持视线交流，专注于同对方交谈，好像周围的人全都不存在一样。正是一个个小细节环环相扣，才让我们之间自然形成了紧密的联系。这是一种纯粹的控制力，我的上司以他个人魅力巧妙地赢得了我的追随和效忠。他用无声的动作让我知道，他眼中的我是多么令人着迷。他想让我感觉自己很受重视，我实实在在也感受到了这一点，直到后来我懂得了其中的奥妙。

在职场上，你希望每天24小时都能保持绝佳的支配状态，而只有事先作好准备的人才能实现这个目标，这其中就包括对座次的把握。千万不要小瞧“地利”的重要性。宴请贵宾前，记得提前15～25分钟到达饭店；开会前直奔最符合你角色的座位，把你的能量注入到座椅上，让整个房间都成为你的主场。

第6节

声音会泄漏你的秘密

别用那种调调跟我说话。（大卫·法布尔）

声音也是自我特性的重要组成部分。你的声音也许温柔、兴奋、让人难忘或是惹人讨厌。当你心情愉快时，音调和音量都会相应提高，同时说话速度也会加快。当你感到悲伤时，音调降低，说话速度也随之减慢。

生气的情绪会让你加快语速，加大音量，同时抬高音调。而当人处在极度愤怒中，音调则会压低，说话速度也变慢。恐惧会让人压低音量，但同时音调升高、语速加快。反感和轻蔑的情绪会令人的音调、音量和语速都下降。留意一下自己声音的变化，然后你便能慢慢觉察到其他人细微的声音变化了。

要得到别人肯定的回应，你的声音起到了非常关键的作用，对于这一点你有所认识了吗？声音是带你入门的旋律，变化多样的韵律则告诉别人你是否重要，是否可靠。

语言之外表达情感和其他信息的因素被称为副语言，它传达的是掩藏在话语背后的情绪。这些无声的因素包括音调、语速和语气。说话人是男性还是女性，是长者还是年轻人，是高是矮，是胖是瘦，在社交上地位如何？你的声音会悄悄告诉别人连自己都不曾觉察的秘密。

声音是如此神奇，我们甚至能从电话里听出对方脸上的笑意。怎么，你不相信？当人们展露微笑时声道变短，具有提高共振的作用。愉快的声音能让人想起优势、能力、灵敏度和热情，声音暗示就是通过副语言来表现自己。

在我第一次试讲的时候，我既紧张又焦虑，几乎要昏倒，嘴巴像塞满了棉花一样发不出声，眼光只敢落在脚尖前两尺的距离。在那以后没多久，我的顾问委婉地告诉我，他觉得我的第一次演说表现很糟糕，也许很难获得正式演讲的机会。现在我还保留着当时试讲的录像，每看一次都很受打击。我保留这段录像，把它当做有形的提醒，告诉自己：**自身的想法才是唯一局限我们的东西。**

声音的化学反应

声音并不仅仅只是一种声响，还包括音色和语调，更是让别人了解你的一条捷径。

语　调

语调指的是你声音的高低。当人感到紧张时，声带变得细长，同时收紧，这时音调就会升高。想要缓解这个情况，可以试试从胸腔部位做个深呼吸。对男性来说，低沉的嗓音显得浑厚有力，被认为更有吸引力和说服力。对女性来说，高亮的嗓音听起来更加性感，但缺乏专业权威性。高调门让人觉得你很兴奋，但同时也会引人怀疑，觉得你不可靠。不管是男性还是女性，说话时嗓音高低起伏大的人通常更有活力，性格更外向。人们很难长时间忍受低调乏味的声音。在电影《春天不是读书天》（*Ferris Bueller's Day Off*）中，本·斯泰恩就扮演了一个让人昏昏欲睡的角色。**让自己的声音变得抑扬顿挫，你就可以马上改变别人对你的印象。**

语　速

讲话速度的快慢与当时所处的环境有关，但仍然可以暴露出你是精力充沛（说话速度快），还是精神委靡（说话速度慢）。情绪确实影响人们说话的速度，当人处于愤怒或是兴奋的状态时，说话速度可能会加快；而情绪低落时，说话速度就会变慢。

研究表明，说话语速快的人更有说服力和可靠度，而且人们会觉得说话快的人比其他人更聪明，也更有学问。口齿伶俐的人似乎无意间就具有某种能力，他们能够滔滔不绝地摆事实，讲道理。他们还常常轻易绕开我们临界因素的干扰，毕竟我们不是每次都跟得上那些连珠炮的话语。能够把大量艰涩的信息表达得清楚又易于理解，会给人留下非常专业的印象。

词语的重音强调

在你发表讲话的时候都会强调哪些词语呢？“‘我’想这对你来说是个绝好的买卖。”（强调的是你自己而不是其他人。）“我‘想’这对你来说是个绝好的买卖。”（听得出你并不十分肯定。）“我想‘这’对你来说是个绝好的买卖。”（强调就是当前。）“我想这对你来说是个‘绝好’的买卖。”（强调形容词。）每一种情况都赋予句子不同的感情色彩。

自己测测看

即便是“你在这做什么？”这样直截了当的问句也可能有多种含义。请你大声朗读下面的句子，然后想一想不同的重音分别表示哪些情绪。

“你在这做‘什么’？”

“‘你’在这做什么？”

“你在这‘做’什么？”

“你在‘这’做什么？”

注意交谈时这些隐藏的含义，确保自己传递正确。

音　量

嘹亮的声音是自信的象征，但是嗓门扯得太高会把人吓跑，就像是在同听力困难的人说话一样。我想你一定也不愿在公众场合招来人们厌恶的目光。

研究发现，性格外向、在交流中占统治地位的人说话声音比其他人更嘹亮，但要留意对方的肢体语言，看他们是不是会对大嗓门反感。

在所有我认识的人中，最位高权重的那个人说话恰恰是温和低缓的，接近窃窃私语。但他的讲话总是令人肃然起敬，谁都不会遗漏他说的每一个字。他是一个能够掌控局势的人。

尽管如此，温和的声音还是时常会显得说话人害羞、缺乏安全感和过于柔弱，所以还是大声一点为好。生动的语言表现并不仅仅是抬高音量那么简单，更要浑厚有力。你可以运用下面三个步骤来改善：

改变呼吸方式

改变说话的腔调

改变你的声音传达范围

说话要避免尖酸刻薄，不要对他人妄下论断，不要在言语间嘲笑、讽刺别人或是自命不凡。多年以前我认识一位经理，只要有人提出什么她已经知道的事情，她总是会语带讥讽地说“是不是啊”，言下之意说话的人是个蠢蛋。

意味深长的停顿

媒体从业人员经常会用“死寂”来形容电台节目中令人尴尬的沉默。电台节目向来是由各种声音构成的，音乐、广告、谈话、更多音乐、更多谈话，总得有什么去打破沉默。人们在交流过程中也是一样，会用嗯嗯啊啊的声音来填补说话的间隙。其实大多数情况下，半秒左右的停顿是正常的，遗憾的是，人们总是喜欢用些无意义的语气词来把这半秒空隙补上。殊不知这样一来，说话的流畅度就大打折扣，而流利与否恰恰是他人评价我们是否有能力、是否可靠的最佳得分点。

充满自信、善于掌控局面的人能够认识到停顿的重要性和意义，以及停顿所带来的有利形势。**千万不要害怕停顿，在沉默的时候坦然自若，反而能够帮助你吸引听众的注意力。**耐人寻味的停顿，仅是心跳一两拍的时间，却蕴涵深远：或强大自信，或柔弱不安。有小部分人可以在沉默中得到慰藉，而安于沉默也让他们给人以权威、独立、可靠的印象。在交谈过程中，恰如其分地运用停顿确实可以提升你的地位。

方言和口音

在音乐剧《窈窕淑女》(*My Fair Lady*) 中，语音学教授亨利·希金斯与朋友打赌说，他能够让一个满口伦敦土话的卖花姑娘像上流社会的淑女那样讲话，并让她假扮成一位公爵夫人。诚然，伊莉莎·杜利德把卖花女的变化演绎得丝丝入扣，但这也说明了我们怎样说话决定了我们成为什么样的人。

> 不久以前，我在美发店的时候正好听到隔壁座位上的谈话。那个男人的口音听起来就像是意大利黑帮片里的人物。真有意思，我这样想着，不由得想象他的长相，一边猜测他来美发店做什么。
>
> “对，就是这样，”那个男人继续用那种口音说，“我想修修指甲和脚趾甲。你会修眉毛吗，我想把眉毛也弄一弄。”在此之前，我从未听过有男人提出要修眉，修指甲是常有的——可是连脚趾甲都修，而且还要修眉？这让我印象太深刻了。当我做完头发离开的时候，我特意看了一眼那个男人。我发现其形象与他的口音毫不般配。他其实是个年龄稍大的美男子，穿着高档（可能是阿玛尼）西装。好吧，我承认我对他的口音有点先入为主的偏见，可是人们往往都会这样。

不管有没有穿名贵的西服，你一定不想让自己听起来跟这个男人一样。口音和发音确实很重要。你不妨多花一点时间练习说简洁的语句，尽量说得比平时慢，同时放低音调。你可以把自己的声音录下来反复听，看看有哪些地方可以改进。

发音和口齿清晰度

我有一位朋友进入了州立大学新闻部的最后一轮面试，她总是担心自己没有硕士学历而被刷下来。我跟她说：“你已经进入最后一轮面试，暂时别管硕士文凭，等你落实这份工作以后再慢慢攻读。”面试那天，我朋友搭乘的飞机晚点，她在面试前 30 分钟才匆匆赶到，这些都让我的朋友更加焦虑不安。我已经尽量说得轻描淡写了，她其实是一个容易精神高度紧张的人。

面试进行得还算顺利，直到有一位面试官让她谈谈对所应聘职位的认识。

我的朋友因为紧张，张嘴就说自己将负责校友录的编辑出版，可是她从头至尾都把“校友录”这三个字念错了。“那时候我就知道自己落选了，”后来她这么告诉我，“面试官再也没留意听我说的别的话。”她说的是事实。

话轮转换

他开口说话的时候，她也正好开口说话。

“哦，真不好意思”，她说，“你先说。”

“不，不，你先说。”

这称不上是一种默契，因为双方的交流没有踩对节拍，可以说是很不默契。在两人交谈中，话轮转换是有信号的，让人知道什么时候轮到自己说话。

话论转换有一些特定的暗示，例如歪着头、四目相接、缓缓点头，还有“嗯啊”这样的语音词，都表示我们正在倾听对方说话。另一方面，还有一些动作表示人们想要表达看法，比如减少注视、目光偏斜、快速点头、语音词加快等等。说话时做到有来有往非常重要，这有助于提高人们的默契度，也更能给人留下言谈老到、智慧的印象。谈话双方也可以插话来说服别人。如果你是那种应答很快的人，不妨看看以下这些信号。

嗯啊之声：说话人试图用这些语音填补谈话的间隙，这时你最好不要插嘴。

抬高音量：他想让你知道他还想继续说下去，或是他觉得该轮到他说话了。

示意停止：他很可能做出示意停止的手势。回应慢的人会让人觉得不够有见识，也不够自信。试着加快说话的速度，看会不会从对方身上发现这样的手势。

时间：要是说话间的沉默超过三秒，你需要开口打破这个沉默。

侧过头去：这个动作表示对方正在期待你的反应。

瞪视：对方停下来，瞪视着你，仿佛在说：“怎么回事？”

第7节

自然体香VS昂贵香水

玫瑰是美的，但更美的是它包含的香味。（莎士比亚）

大雨过后牧草的气味；烤箱里巧克力夹心饼干的香味；早已弃之不用的洗发香波的气味。人的鼻子是有记忆的，香气可以唤回许多久远的感受。嗅觉是人类最古老的官能，从最初的侦查系统进化而来，人们可以隔着很远就嗅到敌人的进犯或是下一餐美味。

当人们吸气时，空气中的气味分子便溶解或混合进鼻道前端的黏液里。鼻腔中，嗅觉器官上皮感受细胞上有一层纤毛，在黏液上方摆动。这些纤毛可以识别不同的气味分子，同时在基底神经节中进行处理。在非常短的时间内，人类就可以辨别出将近一万种不同的气味。

男性和女性都会向外散发**信息素**，这是一种化学讯号，尽管我们无法有意识地侦查到信息素的存在，但它却能对别人产生极大的影响。信息素可以存在于人们的体液中，包括汗液、唾液和血液。如果气味确实在性吸引方面扮演了重要角色，那么，这也就可以解释为什么那些失去嗅觉的人常常也会失去性欲冲动了。

有许多种动物在感受到危险时通过散发化学物质向同伴发送讯号。那么，人类有没有这样的能力呢？莱斯大学曾经进行过一项实验，让男性实验者在腋窝处缚上网垫，同时观看惊悚恐怖题材的电影。随后由女性实验者将同一块网垫罩在鼻孔上。紧接着，女性实验者观看一张张人像照片，这些照片的表情或高兴，或惊恐，或是含糊不清，但是每张照片都未作任何标示，也就是说实验参与者并不知道那些照片所对应的具体情绪。研究人员接着要求实验者在电脑上按下不同的按钮，给这些人像图片分类。大部分情况下，当女性实验者罩上网垫时，她们都把表情模糊不清的那些照片归入惊恐的类别。这一实验证明了人类汗液中含有某种情感意义。

加州大学伯克利分校的科学家们发现，让女性闻一闻男性汗液中提取的化学物，会提高她们压力激素（皮质醇）水平。这一研究发表在《神经科学学报》(*The Journal of Neuroscience*) 上，首次证明了人类和老鼠、蛾、蝴蝶这些生物一样，能够悄悄散发气味来影响异性的生理。这是第一次有证据表明，男性汗液中的特定化学物被女性吸入后，会导致女性激素水平的变化。

加州大学伯克利分校嗅觉研究项目负责人诺姆·索贝尔副教授认为，雄甾二烯酮（androstadienone）能够改变女性的情绪、性唤起、生理唤起和脑部活动。不过，虽然这种化学物质可以从男性汗液中提取，也作为香精和古龙水的添加剂，但目前还没有任何证据表明，人类对这一物质的反应与哺乳类动物和昆虫对信息素的反应是同一方式。此外，还有很多人认为人类信息素并不存在，因为人类并没有刻板动作（stereotyped behavior）。但是，雄甾二烯酮能够引起女性激素以及生理和心理上的变化却是不争的事实。

比起男性，女性对气味更为敏感。60% 的女性都能辨别出自身的气味，而只有不足 6% 的男性可以做到这点。

Q&A

读者：以前的年轻男人总是会扭过头来看我，可是最近几年越来越少了，现在几乎都没有人注意我了，而我自己的体重和心态跟原来没有什么不同。关于吸引他人，你曾经有过不少见解，“吸引人”这个特性真的在 40 岁以后会随着年龄的增长而消失吗？

托尼娅：人在 20 岁以后会发生各方面的变化。研究发现，人的耳朵会终身生长，我们把耳朵看做是年轻的象征。当我们成熟以后，皮肤毛孔增大，皮肤也慢慢失去弹性。因为我们每天都会照镜子，所以不会马上发现老化的过程。另外，我们的心态也令自己保持吸引力；你只需要运用一些“基本”技巧：保持眼神交流、经常微笑、在他人讲话时专心倾听、绝对不进犯他人的空间、保持优美的仪态，如此这般你就能够永葆魅力。

汗液是研究人类信息素的焦点，事实上，男性腋下的汗液已经被发现可以改善女性的情绪，并且影响她们促黄体激素的分泌，而这种激素一般能够促进女性排卵。其他研究发现，当把女性汗液涂抹在别的女性的上嘴唇，那些女性的月经周期就会发生变化，与提供汗液的女性的生理周期保持同步。

上面提到的这些信息与我们的交流有什么联系呢？请别忘记，气味也是一种强大的非语言信号。请你想一想：当我们与人交流时，我们都会呼吸，闻到酸臭的气味令人厌恶，而甜美的气息则惹人喜爱。前面的研究告诉我们，气味的作用远不止这些。气味，如同其他官能一样，会给我们的行为带来心理和生理上的影响。

有些学者甚至提出，闻闻彼此的脸和手也可以看做一种打招呼的方式。根据英格兰利兹大学的芭芭拉和大卫的观点，爱斯基摩人亲吻的时候不仅是磨蹭鼻子，同时也是互相嗅探。当然，我们大多数人并不会用鼻子对鼻子的方式来接触，但是在打招呼时，我们确实会闻一闻对方的气味，我们会乐于与气味愉悦的人接近，也会逃避气味难闻的人。

我们每个人都遇到过这样一类人，他们香气扑鼻，要么隔着八丈远就能闻到身上的古龙水味，要么飘然而过留下挥之不去的花香。这类人会购买最好的香氛产品，认为这些可以令他们在人群中脱颖而出。是的，他们确实在人群中很耀眼，你甚至可以闻出某人何时来过这个房间，因为他（她）的香气还在房间里萦绕。我们可以用若有若无的香水味告诉别人自己的到来，但**是切忌挥洒过于浓郁的香气。**

研究发现，当人们闻到自然体香时，大脑会发送肯定的性暗示，而当闻到人工香味时，则会发送否定的性暗示。尽管我们可能会觉得某款香水的味很好闻，但其实我们的身体并不喜欢。所以，下次喷香水的时候别忘记这一点。

还记得沉锚效应吗？嗅觉沉锚效应是十分有效的，你身上的香味可以给人以神秘莫测、令人蛊惑的感觉，但也可能让人觉得魔力消失，甚至引起别人的反感和厌恶。假如你想谈妥一单生意，在会面当天喷上一些具有男子气息的古龙水，以让别人觉得你更强势，更有保护他人的能力。唯一的问题就是，如果你使用的古龙水恰好与客户的前夫用的一样，那她既不会觉得你“有男子气概”，也不会有兴趣多谈业务了。

当我们与想要说服的对象第一次见面时，最简单的办法是不用任何香氛，只留有自己的天然体味，或是选用中性的香水，比如女士适合麝香、香草、薰衣草香，男士可以选用白檀、青草型香水。香氛会与人体产生化学反应，并且随着体温升高而加强，因此在炎热的天气里更要减少用量。

他们为之倾倒的香气

哪种气味最能挑起男性欲望？麝香？琥珀？栀子花？卷丹？还是南瓜派的味道？芝加哥气味与味道研究中心做过这样一个试验：让人置身多种香气和各式食物中间，然后记录涌向他们下体的血量。超过40%的男性对南瓜派的香味情有独钟，尤其是再掺入薰衣草的芳香。其他可以挑起男性欲望的香味有香草味、草莓味、肉桂小面包味、甘草味和爆玉米花味。

会挑起女性欲望的有婴儿粉的香气、南瓜派的香气、巧克力的香气（这个很让人惊奇！）以及香蕉坚果面包的香气。神经学家艾伦·赫尔希指出，婴儿粉的香味还会激起女性的母性本能。

你希望度过一个不需刻意为之却又必定成功的浪漫之夜吗？试着在身上擦一些麝香和香草味的香水，再扑上一些婴儿粉。这个香味组合就像香醇的美酒，散发着一波又一波若有似无的香气，在香气的包围中，你就像一个需要人保护的孩子，激起男伴所有的保护欲。

第4章

读心 攻心、SO EASY

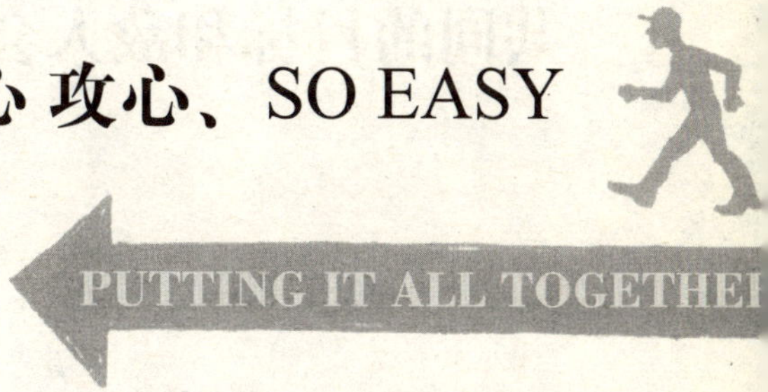

如何从一张扑克脸上搜寻 TA 试图欺骗你的蛛丝马迹？

低个子人士该如何利用自己的肢体语言表现自己的强势？

怎样分辨并回击仗势欺人者的蛮横无理？

说谎者最爱用的数字为什么是“三”？

……

多方出击，让沟通不留死角！

YES

第1节

共同的目标和敌人会让我们心连心

现在你已经掌握了语言和非语言的交流工具，接下来你将学会怎样把这些工具融会贯通，使得自己在任何场合、任何时候都能够成功地得到他人的肯定。

共同的目标：让我们高歌一曲

共同的敌人让我们更团结，共同的目标帮助我们达成协议。2009年3月，华盛顿特区民众发起了一次抗议税收的大游行，在一名共和党人的带领下，人们高声呼喊“不要践踏民众，不要践踏民众”。

“请跟我一起喊，”他高声呼喊着，“不要践踏民众。”他一遍遍地呼吁着，最后每一个人全都反复呼喊这句口号。在这样的场景中，人人都能感到自己与他人之间的默契，人们分享共同的目标，他们并不孤单，每个人都感觉自己无比重要。

为呼吁和平而举办的集会上，参与者常常会高呼一些口号，诸如“我们追求的是什么？是正义。我们什么时候需要它？就是现在。这个街区属于谁？属于我们”。听到自己的呼声在无数人的声音下放大，这种感觉着实令人振奋。任何一个团体有节奏地反复呼喊口号都可让人心神恍惚，但又能产生强大的效果。“民众……团结一心……不可分裂。”这种群体思维的轻度催眠赋予置身其中的每个人以力量。

不管是抵制共同的敌人，还是追求共同的目标，人们都乐于成为群体中的一员。跑步的人总是会互相道声“早安”或点头致意；见到别人开着跟自己同款的汽车则会按按喇叭。在电视剧《人生如戏》（*Curb Your Enthusiasm*）里面，秃顶的拉里前去安慰不小心被剃了光头的朋友。拉里谈到因为秃头而受人歧视时，他说："还好我还有其他光头兄弟的支持。"他的朋友大惑不解，拉里解释说他们见面时都会点头、微笑、互相支持，就像每个星期定期举办光头族的聚会一样。这个说法有趣的是，光头人群会像拥有同样信仰和价值观的人们一样产生共鸣。

共同的敌人：让我们一起讨厌他

拥有共同厌恶的人可以立刻让两人建立默契。小时候，男生和女生是互相对立的团体。在职场上，销售团队会面临其他团队的竞争，每个成员都得通力合作以战胜对手。共同的对手让成员间惺惺相惜，我们相互安慰、分担工作上的劳苦，一起为成功而努力，最重要的是一起经历了亲密无间的合作过程。

但有时候，这种亲近带来的负面效应会让人觉得不可收拾。我有一个朋友在一家报社实习，当时这家报社的专栏作家正同另一家报社的专栏作家进行笔战。两位专栏作家彼此敌对容易理解，毕竟他们意见相左，又要为各自的读者群说话。问题是他们两人稿件的责任编辑也互相看不顺眼，甚至连我的那位只是在实习的朋友也会讨厌对方报社的专栏作家。有一次我向她提及打算分析一位公众人物，她立刻向我推荐了那位专栏作家，还说自己"很讨厌他"。

"你为什么讨厌他呢？"我觉得很不可思议。

"好吧，"她回答说，"因为玛姬看他很不顺眼。"（玛姬就是我朋友供职报社的专栏作家。）

提升信赖感的魔法

可信度是我们与人交流的一把钥匙，它帮助我们拉近彼此距离，让别人改变主意，推销出产品，为我们赢得敬仰。当你拥有较高的可信度，你说的话就会让人觉得值得信赖。

当一个人穿上白大褂，他的可信度会一下飙升；女性在名字后添上博士头衔，你会突然觉得她说话非常有条理。人们大多会根据能力、情谊、外表、社交能力、肢体语言和副语言来判断对方的可信度。

澳大利亚做的研究机构做过这方面的试验。有位访问者来到某学院的一个班级，研究人员介绍说他是来自剑桥大学的学生；在另一个班级，他又被介绍成一位演示人员；这位访问者紧接着又走访了其他三个班级，他的身份分别是讲师、资深讲师和教授。当他离开教室后，研究人员让学生们猜测他的身高，结果学生们对他身高的估计值果真随着身份同步增长，每一次转换到高可信度的身份都让他在学生的估量中额外长高了半英寸。

医生穿上白大褂会提高病人对他的信赖感。

还有一个例子。一位研究人员拨通了22处病房护士值班室的电话，佯装成医院的内科医生，指导护士给病人配上20毫克剂量的Astrogen（一种未经认可的伪药）。尽管这种虚构的药物的最大用量是10毫克，但依然有高达95%的护士按要求配置了高剂量的药物。同样的试验又进行了一次，在33名护士和卫校学生中，只有两人没有按电话指示去做，但她们表示自己也差点就会照办了。也许这些护士们都没有意识到“医生”这个词对她们产生了多大的影响。

可以哭，但别在哪都哭

不少针对不同文化进行的研究表明，哭泣能够帮助人们与家人、爱人和盟友更好地进行感情交流。特拉维夫大学动物学系进化学家哈森博士认为，当泪眼朦胧的时候，眼泪把你的脆弱无助和你对别人的感情袒露无余，这是一种具有演化意义的情感交流方法。

“当然，这种演化行为很大程度上取决于哭诉的对象和场合。如果是在应该克制情感流露的场合，比如工作时，哭泣很可能就不会奏效。”哈森博士如是说。

失格台词：我也许不感兴趣

谈话对象对你无动于衷可说是让人非常扫兴了，这时说一些失格台词反而能令自己更加合人心意，因为这些台词显得你并无祈求。

我曾和一位朋友为了公事通了好几个月的电话，当我们第一次见面共进午餐时，他替我吩咐侍者：“请为我的未来前妻上一份凯撒沙拉。”

这句话乍一听像是某种恭维，我后来才明白他实际想说的意思。

毋庸置疑，在说服谈话对象时，失格台词是一个很有用的工具。人们都有种不服输的性格，我的这位朋友成功地利用了这一点，表现得对我毫无兴趣，没有什么急切的想法。

你可以在较为轻松随意的社交场合用这个方法来吸引异性的注意。在上面这个例子中，我的朋友戏称我是他会迎娶可又会以离婚收场的妻子，他间接否定了自己作为追求者的资格，暗指我们之间不会成为伴侣。

当你接到咨询活动的邀约时，失格台词可以帮助你表达自己的想法。“我真的很喜欢你的公司，我也相信自己能够为你们提出很好的建议，只是不知道我的开价是否在你们的预算之内。如果高于预算，我倒是可以推荐我以前的一个学生来为你们服务，我认为他十分合适，要价也适合你们的预算。”

当猎头找上门来，你也可以这样说：“我真的很满意现在的工作，除非有特别好的机会才会考虑跳槽。”

情境分析：这个场合是否合适

在你对别人作出判断之前，请先分析一下当时的情境，这能帮助你提升默契程度，避免一些尴尬。你只需简单地问自己一句，当时场景下适宜去做哪些事情？

在工作场合中，你和同事也许正襟危坐，但是当你们在一起边喝啤酒边看球时，表现就会判若两人。甚至在圣诞晚会上，你会非常惊讶同事变化之大，让你无法把他与早上同你一本正经商讨医疗保险的那个人联系起来。人们所处的情境确实可以带来很多变化。

声音在说谎：窸窸窣窣的谎言

我们前面讨论的都是怀着善意的交流对象，可并不是每个人都会如此。撒谎的人同样会用急切的目光注视着你，可是他们的身体和声音无不在泄露真相。只要你知道该从哪些方面入手，你就能够识别每一个撒谎的骗子。

音调较高：撒谎时，说话人会突然提高音调。

故作轻松：很多时候，说谎的人会用一个反问句作结束，同时相应抬高音调。

不说话，清清嗓子：注意听那些语音词和清嗓子声音。当人们情绪焦躁时，声带会变窄，同时拉长，这样一来声音就会升高。

回复很简洁：他想要撒个谎，再全身而退。

言语差错：说话时变换时态，用第三人称叙述，还会反复说老生常谈的话题。

更多概括性的用词：使用“总是”“人人”“没有人”这种概括性的词语。

撇清自己：说谎者总是会在指控别人时撇清自己。

艰难地吞咽口水：通常这是不由自主的举动，身处压力之下、情绪焦虑或是感觉尴尬，我们的喉部肌肉收缩，就会觉得吞咽困难或是哽住。

《我知道你在说谎》(*I Know You Are Lying*) 一书的作者马克·麦考利希认为，声明分析其实就相当于站在嫌疑人的立场来看问题，设想自己置身嫌疑人的位置，会作出何种反应，会如何搪塞。他说，要想从人们的言辞中推断出真假，首先需要仔细聆听。

每一个字都有意义，你需要听出那些别有用意的字眼。每句话都很重要，有些话听起来煞有介事，但是如果仔细听，就能发现那些用词的弦外之音，这么做能够帮助你判断对方真正想说的内容。

线性谎言

说谎者并不重新检索信息，而是凭空捏造，甚至是边说边编。

“你怎么没有来参加八点钟的员工大会？”

“是这样的，一开始我在跟乔喝咖啡谈生意，他正在考虑增加订单。然后我去给车加油和洗车，因为我约了布兰达吃午饭，一起商谈 6 月份产品促销一事。就在那时汤姆打电话告诉我有批货物在运输时被损毁，这时我才想起开会的事，可是已经八点半了，我又不想会议中途到场，于是索性就去办公用品店采购些文具用品，顺便再次拜访了上周刚签约的那家客户。”

要分辨这番话的真假，你可以拐弯抹角地让对方打乱顺序复述一次。“你刚才说跟汤姆打完电话你去哪儿了？”这时候对方需要在大脑里把那番话重新回放一遍才能找到问题的答案，不能立刻接上你的话茬，因为他正努力回想自己编造的故事。面对线性谎言，其实你可以目睹对方的整个思维过程，看出他当时的思维并不流畅，因为描述的事情并没有真正发生，所以也就不会在记忆里留下痕迹。

尽管如此，我认为还有一个重要方面需要指出，那就是紧张和欺骗存在着细微差别。比如说，人们在求职面试时音调也会升高，但这并不表示他正在说谎，而是出于紧张。

谎言的面目

“不，这几条裤子让你显得非常苗条。”

“我从来没有像这样深爱一个人。”

有些谎言是善意的，目的是让其他人感觉很好，实现愉快交流，避免情绪波动。

但也有一些谎言却是存心伤人的。

“一定，我下个星期就还你钱。”

“真的，我从来没有结过婚。”

先不管具体说了什么，下面这些非语言暗示能够帮助你在受到伤害之前辨别谎言。当人们说谎时，心里知道会冒着被揭穿的危险，于是在肾上腺素和其他化学物质作用下，“逃避—战斗”反应模式会发挥作用，明显的体征包括：呼吸急促、瞳孔散大、皮肤发红、冒汗，以及不断吞咽口水。

瞳孔散大、眼神交流行为改变

虽然情绪激动会引起瞳孔散大，但人们感到危险时也会有这种反应。说谎者在心虚的时候，他就无法控制自己这一生理反应。如果你事先观察过某人的基准动作，了解他通常都会与人频频进行眼神接触，那么当他突然出现变化，就表示他对你有所欺瞒。同理，如果某个人在日常生活中不大与人进行眼神接触，那么当他竭力想要欺骗别人的时候可能会目不转睛地看向对方。

不断吞咽口水

说谎者容易感到口干，同时会大口呼吸空气。当人感到紧张时，血液从腹腔内脏流出，会减缓消化进程，致使嘴巴变干。

无规律地呼吸

任何谎言都有可能被揭穿。这个风险会令说谎者呼吸速度加快，同时令他的身体吸入更多氧气，因为这可以让他“跑”得更快，不被“捉住”。

皮肤变红

紧张会导致血管扩充，引起皮肤表层变红。在社交过程中，你需要结合其他暗示对这个反应进行判断。

冒　汗

紧张容易导致体温升高，人体会通过排汗来避免身体过热。要是你看到对方嘴巴或额头莫名其妙地冒汗，那他可能正在对你撒谎。

眨眼增多

眨眼增多可以作为参考指示，但这并不是编故事的暗示。大部分人都无法控制自身的眨眼频率，因为这与大脑处理信息相关。当我们情绪激动时，可能会不断眨眼，当我们考虑问题时也会加快眨眼频率。

手摸嘴唇

有的说谎者会摸自己的嘴唇，有的会把手移到嘴边，这个动作让他们回到儿童时代。人们在小时候喜欢遮住眼睛假装谁都看不见自己，还用手捂住嘴巴，以为这样大人就看不到自己在说谎了。随着年龄的增长，我们渐渐学会调整思想，可是有些人还是会把手移到嘴边，下意识地想要掩饰谎言。

摸鼻子

这个动作还是血管在捣鬼。人们在说谎时，鼻子开始发痒，也就是所谓的匹诺曹效应。这个动作很关键，要注意观察。

身体活动减少

人们称之为冻结效应。如果你事先已经观察过对方的基准动作，那么一眼就能分辨这个反应的真实意图。说谎的人在潜意识里认为，一旦身体活动，那秘密就泄露了。

小动作变多

这类小动作包括抽搐和触摸自己。说谎的人想用这些小动作分散别人对谎话的注意，其实这无意中分散了自己的注意力。

复合信号

一边耸肩膀，一边强调说“我完全同意”，这表示说话人并不确定。

拖延时间

有时候，哪怕只是一两秒的时间，都可以让说谎者顺利实现欺骗。漫不经心地调节一下眼镜，或者干咳几下，抑或是假装有什么东西落进眼睛里，正好借此逃避眼神交流，并无须对话。

应付谎言

有些非语言的小动作是说谎者刻意为之，有些则不在他们的控制之内。惯于说谎的人知道如何才能骗过别人，他们也知道不要转移视线，不要做无谓的小动作，还会与别人保持视线交流。为了不上当，我们需要通过不止一个暗示来判断。

克制自己的情绪

有人把面无表情的脸称为扑克脸，我把这叫做喜怒不形于色。在你确定对方真实意图之前，尽量表现得不动声色。假设你正和一个女同事谈话，她试图欺骗你，而你无意间流露出交叉手臂、咬嘴唇之类不信任的信号，她的潜意识里也会收到这些信号，于是她会相应调整自己的举止，以让自己显得更加可信。只有当你把自己的怀疑隐藏起来，她才会继续露出马脚，而不是随着你的动作而调整。

Q&A

读者：我觉得我的同事偷我的钱。我打算去问问她是否知道我丢钱的事，怎样才能判断她有没有说谎呢？

托尼娅：世上并没有绝对可靠的方法来明辨谎言，不过你对你同事的日常举止多少有些了解，因而可以由此判断她的非典型行为。她是不是交叉手臂或双腿？她是否动作变得僵硬或是用手去摸脸？她有没有略欠下身，或身体跟你保持距离？她说话音调有没有升高，或是用升调结尾？她有没有突然说话词不达意？这些都是说谎的表现，但是在你作出判断之前，一定要先了解她的日常行为习惯。

第2节

向外界展示你的最优个人形象

> 如果这是一个男人的世界，为什么他们不停止打领带？每天早上在脖子上绕这么一圈布条，到底能有多聪明呢？（琳达·艾勒比）

你花了大量时间精心选购面试时穿的西装，却没能再费时纠正一下握手姿势；当你进门面试的时候让人眼前一亮，可是一开口打招呼就露怯了；或者你的握手姿势和眼神都很完美，可是当你遇到交流对象的时候，嘴巴干涩得只能吞吞吐吐，嘴角还留着少许唾沫星子；又或者你懒得擦皮鞋，也没收拾一下手提箱，鼻梁上那副性感的眼镜上还清清楚楚印着几十个手指印。当你就这样与别人打照面，你给人的印象会不断走下坡路。

只有综合前面所说的所有语言和非语言因素，形成一个良好的整体形象，你才能向外界展示出最好的自己。我有时候在做演讲时会与听众互动，让他们写下对其他人的第一印象。当我公布内容的时候，很多人常常为别人对自己的印象而感到震惊。他们完全没有想到，自己给人的印象居然与自己的设想差若天渊，当然也有例外，有人得到的评价比自己所能预想的更加好。在我的演讲互动经历中，我曾经见过成年男性当场落泪；也见过有的经理因为下属对自己的评价而歇斯底里；还见过有一些人对自己的着装风评大跌眼镜。有位女士在看到这样的评价后勃然大怒："胸倒是不错，就是露得太多。"谢天谢地，这个评论是匿名的。

每天，我们起床后会照下镜了。如果满分是10分，大部分人会给自己打个7分。要是真如自己所想，人人都很平均，既没有特别差的，也没有特别好的。然而事实并非如此：有很多人只够2分、3分、4分。**如果你想展现最好的自己，就要留意自己的个人形象。**个人形象包括你的外表、着装，以及谈吐，从说话的语气到鞋子，你身上的每一个小物件都很关键。因此，请仔细审视一下自己，扪心自问：我真的想向外界展现这个形象吗？

不管是男性还是女性，要想展现完美的自我，就需要在踏入房间的瞬间征服别人，但这并不是说你要披挂奇装异服出场，恨不得喊“看我，看我”。要知道，给自己招来不必要的关注并不能带来成功。我的建议是，衣着打扮可以为即将会面的人多考虑一些。如果是第一次见面，那么就佩戴一些含蓄的饰品，这样与人建立关系会更容易些。

衣着打扮为你的形象加分。

假如你在脖子上挂条金灿灿的宗教标志的项链，拜访的客户恰恰信奉不同宗教或不信教，那会发生什么情况呢？这还能立刻拉近彼此的距离吗？我想不会。与其无声地暴露你和对方的巨大差异，不如表现得含蓄一些，这样更有助于大体了解对方的想法、信仰和感受，从而找到你们的共同之处。

矮个子要怎么表现自己的强势

在职场上，身材高挑的人比较占优势。2009年《经济记录》（*The Economic Record*）曾经发布过澳大利亚的一项研究，发现身高6英尺的男性比身高5.8英尺的男性每年收入要高出1 000多元。美国和英国也有类似的研究，仅仅1英寸的身高差异就能带来巨大的收入差异！《身高的故事》(*The Tall Book*)一书的作者科恩指出，高个子平均每高1英寸，就能多挣789美元。

如果身高上没有优势该怎么办呢？成功人士并不总是高个子。身材不高的人士可以站在较高的位置上，或者确保自己具有我们在前面提到的高信誉和高声望，同时还可以利用肢体语言来表现自己的强势，例如伸长脖子、双肩向后打开、挺起胸膛、脊椎保持笔直、将体重均衡地分摊到两脚。

腰臀比例 0.7 的女性最迷人

腰臀比例在许多方面都是一个神奇的数字。女性腰臀比例若低于或等于 0.7，则较少受到心血管疾病、卵巢肿瘤和糖尿病的困扰。男性腰臀比例在 0.9 ~ 1.0 之间，或低于这个数值，则较少罹患前列腺癌和睾丸癌。

腰臀比例，即腰围尺寸除以臀围得出的数值。腰臀比例 0.7 的女性在异性眼中更加迷人，因此这正是女性追求的目标——既能保持健康，又能吸引异性。假设某人的腰围尺寸是 29，臀围尺寸是 33，经计算得出 29/33=0.88（对女性来说未达到健康标准）。如果腰围尺寸是 27，臀围尺寸是 36，可以算出 27/36=0.75（对女性来说比较健康）。如今，医生认为腰臀比例比人体其他指标更能有效预示心血管疾病的发病几率。

得克萨斯大学奥斯汀分校曾做过一项研究，请男性观看 12 位女性的素描。这些男性的年龄从 25 岁至 85 岁不等，所观看的女性素描也有着不同的体重和腰臀比。结果显示，多数男性都偏爱平均体重且腰臀比为 0.7 左右的女性。

沙漏型身材和繁殖能力之间也有某种联系。哈佛大学研究发现，与身材曲线不明显的女性相比，腰臀比例较低的女性的受孕机会要高出三倍之多。

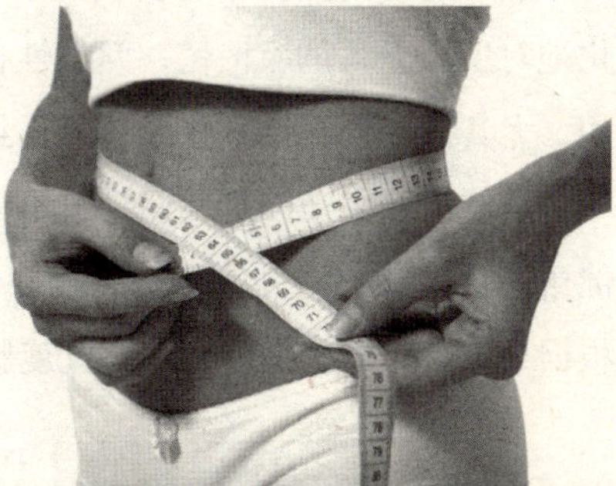

女性腰臀比例若低于或等于 0.7，则较少受到心血管疾病、卵巢肿瘤和糖尿病的困扰。

你在别人的眼里是怎样的

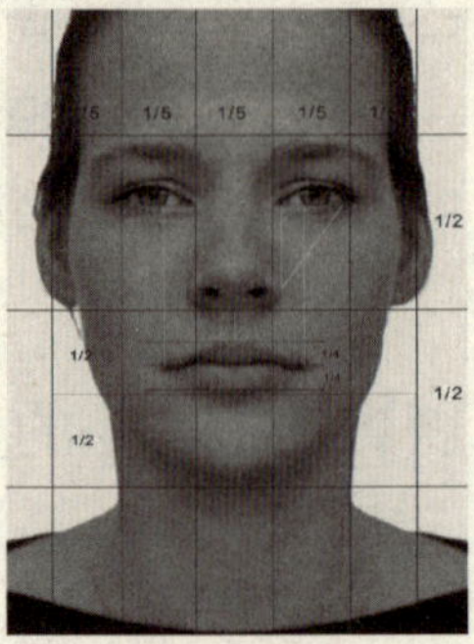

世上并不仅仅是身材高挑的人赚钱多，容貌出众的人们比相貌一般的同事的收入要高。除去受教育程度、工作经验和其他可变因素，研究发现，容貌出众者在各行各业都受到优待。那些需要广泛人际交往的职业，相貌好的雇员所占比例也远远高于平均数值。

到底什么是美呢？回答很简单：美讲究对称性。尽管在不同的文化背景下，人们对美的看法略有不同，但人们确实被具有对称美的面孔所吸引。而那些拥有美貌的人们往往比普通人能赚取更丰厚的薪水。

此外研究人员还发现，面貌丑陋人群的时薪比平均时薪低 9%。这是因为自惭形秽而影响了业绩，还是他们受到了相貌歧视？不管何种原因，也不管在自我眼中是美还是丑，我都建议你从内而外都能展现自己最美的一面。在现实生活中有这样一类人，他们并不具备传统意义上的美貌，然而他们举手投足散发的自信让他们始终成为引人注目的焦点。在气质面前，外表反而显得并不那么重要了。换句话说，他们展现了完美的自我。这种情况在娱乐圈和政坛屡见不鲜。除此以外，一旦我们多次见到某个人，大脑就会潜移默化地对所见之人加深记忆，熟悉性也会让这个人更有吸引力。这一点非常管用，尤其是在自我打 7 分而实际收到的评价只有 4 ～ 5 分的情况下。

美感还取决于你怎样保持自己的身材。这样的例子数不胜数，一个匀称健康的身体能够提高我们的自信心。这绝非虚夸之言。经济学家早就发现，根据身体脂肪健康指数，那些过度肥胖的女性要比正常女性的收入低 7%。

女性之美	
高额头	小小的下颌
高颧骨	尖下巴
光洁的皮肤	大眼睛
丰满的嘴唇	小巧的鼻子

男性之美	
光滑的皮肤	棱角分明的轮廓
挺直的鼻子	大眼睛

还有很重要的一点就是，不要让小细节损害了我们的形象。比如肩头上的头屑、剥落的指甲油、过于浓烈的须后水和香水味，如果不加注意，这些小失误很可能会从我们眼皮底下溜过去，损害我们的形象。所以，请提前作好准备：考虑好自己要穿的行头，考虑好怎样把握会议的进程，怎样与人寒暄。不要留下任何疏漏之处，以下是一些常识性的忠告。

■ 行走的姿态

唐先生是一家外科设备供应商的经理，他会在面试时邀请所有求职者跟随他参观工作场所。不管是文职人员、销售员，还是会计，每个人都得跟着他走一圈。他们并不知道，唐先生一直在暗暗观察他们。如果他们没精打采、步伐缓慢，或者只是走马观花，那么他们就出局了。如果求职者步伐轻快，并时不时停下来好奇地提问，他们被录用的可能性就会提高。唐先生认为，求职者参观工厂的表现也体现了他们对待这份工作的态度。那些兴致勃勃的参观者才是他想要为公司招聘的员工。

当你靠近其他人，她也会有意无意地像唐先生一样来观察你。你走路的情况会告诉她你是懒懒散散，还是精力充沛。

每次跨步都保持两英尺的间距，手臂自然摆动，不要急速晃动。肩膀向后打开，并且挺直脖子。在与交谈对象打过招呼后，你可以大步地向她走去。

■ 眼神交流的默契

假设你的说服对象从鼻尖到眼角形成一个隐形的三角形，那么社交时候的这个三角形的顶角会朝下延伸——从眼睛到鼻子，再到嘴巴。眼神交流如此重要，它也代表了你的自信。有时候，我会在授课时要求人们两人一组地互相凝视整整 3 分钟。两人之间隔着 3 ~ 4 英尺，不能说话，不能笑，也不能移开视线。3 分钟过后，面对面的两人之间形成了一种怪异的默契，仿佛他们刚刚一起度过了一段别扭的经历。偶尔我还会要求两人的呼吸都保持同步，当人们的呼吸都协调一致，更有利于建立默契的感觉，而且还能略微缓解四目相接的紧张程度。当然，当人们进行眼神交流的时候，也要分清在各种风俗下哪种眼光是礼貌的，而哪种是不礼貌的。

笑 容

不管你心里有多么紧张，一定要记得微笑。微笑能够抬高脸部肌肉，显得你更加年轻。不光如此，微笑也可以让你看起来自信和愉快，而且它还有另外一个功效，能够激活对方的镜像神经元，使对方也向你回报以笑容。

如果你的牙齿不够美观，一定要尽快去整牙。小时候我的牙齿很黄，我总是在说话时用手盖住嘴巴，不好意思咧嘴笑。那个时候，市面上还没有什么洁牙产品，也买不到非处方的漂白剂，况且就算当时有牙齿美白的项目，我也没有牙科保险可以负担得起那笔开销。直到成年以后我才实现了美白牙齿的心愿。为了保护洁白的牙齿，我不论是喝茶、咖啡、苏打水还是其他任何东西都会用吸管。幸运的是，现在我们已经能买到各种各样的洁牙产品，能够让人们恢复自信，再也没有什么可以妨碍我们露齿微笑了。

喜怒不形于色

生活并不总是一帆风顺，有些人能够很好地掩饰自己生活中遇到的问题。我曾经与这样的人们共事过，不管他们遇到了什么困境，都不会把私人问题带到工作中来。有一位女士我曾天天与她见面，有天上班她突然更换了姓氏。当我询问她发生什么事情的时候，她告诉我："我上周离婚了。"一直以来她都控制住自己的情绪，我不知道如果换做我能不能做到像她这样，但是我非常理解她这样做的原因。她把私事和公事分开，不让私人问题影响工作，也避免了在人生最痛苦的时期把自己的伤痛暴露在同事面前。

喜怒不形于色对自己是有帮助的，特别是在精神紧张的时刻。脸上始终保持着安详淡然的表情，仿佛在微笑说：我没事，一切都好。防止让表情出卖你的情绪，也避免别人对你的私人生活做无谓的猜测。你给自己戴上一张面具，不把七情六欲全暴露在脸上，让低落情绪留给独处的时候。

除了生活遇到困境，当你担忧、快乐，或是想给朋友办个出人意料的生日聚会，你都可以借助这个面具来掩盖真实的情绪。

写给女性

■ 化 妆

有一次一位化妆师对我说："只需要打一点阴影和彩妆，任何人都可以变得光彩照人。"我当时很佩服这位化妆师对待彩妆事业的态度。每一位女性都有着独特的美，适当化一点妆可以起到画龙点睛的作用。除非你是娱乐明星，否则妆面以清淡为宜。

在工作中，我最喜欢用中性色彩的粉底、腮红和唇膏。我很反对使用遮瑕膏，我认识的一位化妆师也说：遮瑕膏就像是在告诉每一个人，"快看我脸上这个斑，我实在讨厌它"。有些化妆品品牌推出了"焕彩粉"，可以提亮眼睛下方和颧骨最高点，其实擦一些高光乳也可以达到这个效果。妆面一定要干净，毕竟人们想看你本人，而不是喧宾夺主的化妆品。有项研究表明，在应聘专业性的工作时，化淡妆比化浓妆的人更有说服力，也更容易争取到高薪。

众所周知，男士们认为鲜艳的红唇非常性感。在《裸猿》(*The Naked Ape*) 一书中，德斯蒙德·莫里斯指出，湿润的红唇正是女性在潜意识里模仿雌性哺乳动物发情时因充血而发红的阴部。

■ 头 发

男女都应该根据所从事行业需要来梳理头发，在大部分专业环境里，长头发应该高高梳起来。

写给男性

■ 男性秃发

如今越来越多头发稀少的男士选择了成为光头。我很欣赏光头示人的形象，这一形象呈现出的精神面貌取决于你如何看待秃发这回事。理了光头后，充满自信的非语言信息交流可以给男士的外在形象带来惊人的改变。同理，如果没能传递出积极的非语言信息，你就只能

光头，剃还是不剃？光头形象呈现出的精神面貌取决于你怎样处理光头背后无声的交流。

成为又一个遭受脱发烦恼的人，区别就在于你如何看待秃发这回事。

灵活应对：当两个强势的人相遇

当两个强势的人相遇时，确实会发生一场力量的角逐，而结果往往视情况而定。要知道，这场角逐只有一个人占上风，但这并不意味着另一个人会颜面尽失。假设有两个组织核心成员聚在一起讨论信息工程方面的事情，他们分别在人力资源部和信息工程部工作，那么人力资源部的那位很容易遵从另一个人的意愿，原因是另一个人对讨论的事情更加内行。这时人力资源部的人就成为了“第二核心成员”。他明白讨论的目的只是为了找到解决问题的方法，因此也就不去计较这点小小的压迫，同时他也采取了较为轻松自如的态度来应对。这样居于第二位的人就借此营造出一种氛围：来自信息工程部门的那个人才是给出最终解决方案的人。

我想强调一点，所谓的第一和第二主导只是两种不同的行为策略，在每个人身上都可能发生。有时候，你会遇见一个居于第二位但想要掌握主导权的人，他没有成功也许是自身能力不够，也许是因为本性使然。居于第二位置并不就是消极否定，这只是区别于第一位置而已。不过，本书的目的是帮助你找到最适合的位置。有时候，我们总是处于不那么重要的位置，但这并没有什么不妥。要是人人都想当第一名，你能想象出这个世界会有多糟糕吗？**我们的目的是把自己最顶尖的自我展露出来，这样才不会受他人的摆布，才能获得别人肯定的答复。**

怎样发现仗势欺人者

有些仗势欺人者是一目了然的，有些却不那么明显，让人困扰。表现明显的那群人会当面让你难堪，例如他们会用盛气凌人的口吻说一些以“我”开头的话：“我认为……”“我

说过……”“我命令过她……”

有些仗势欺人者却不这么容易分辨。如果你觉得和某人相处很不舒服，试着看看有没有以下这些情况。这个人是不是在监视你，或是侵犯你的个人空间？他是不是斜低着头看向你，两手在胸前交叉，或是眼球四下里转动？

要想回击对方的蛮横无理并不难，你只要牢牢守住自己的空间，交叉双臂示意“你没能进犯到我”，或者索性摊开手臂，表明自己一点都没有受威胁的感觉。

不屑遵守仗势欺人者的游戏规则，并且毫不退让，就是最好的回击。

怎样促成你想要的交易

在我朋友和家具销售员交涉的那个例子里，我们学会了成功的谈判需要先测定对方的基准。你需要了解对方的交谈风格，他是一个虚伪的假惺惺先生，还是有着三寸不烂之舌？如果你想了解汽车或双人座沙发的报价，不妨多了解一下这些产品的具体情况，这样当你与他砍价时就能知道对方是否给了你最优惠报价。

在谈判时，注意尽可能不要泄露个人信息，最好摆出一副漫不经心的表情和封闭的肢体语言。合上嘴巴，交叉双臂，身体与销售员之间呈现偏离的角度，当你说话时还可以略微摇头。

等到对方给出非常不错的价格时，再慢慢放松自己的肢体语言，表情依然是不偏不倚，不过你可以时不时地点点头。

销售员有没有咬嘴唇、脸色涨红、来回踱步，或是用手遮住自己的嘴巴？这表示他已经黔驴技穷，但又不想失去你这个客户。这个时候你要保持耐心，再施加一些言辞压力，最后你就能得到满意的价格了。

怎样谈成一笔生意

假设你正在向客户推销商品，想尽快谈成这笔生意。你已经仔细观察了客户的基准动作，知道哪些是他的“惯常”动作。你要做的第一件事便是寻找他的认可动作。他的瞳孔放大了没有？他两颊通红、频频点头了吗？他是不是摊开掌心，身体前倾？这些都是对你有利的身体讯号。

哪些是“可能同意”的信号呢？如果他喝了口水，或是轻托下巴，他很可能还在作决定，你还需要继续努力说服他。

要留神对方用双手捂住嘴巴、手指轻敲桌面、双腿抖动、两臂交抱，或是明显摇头这些动作，这都是“拒绝”的讯号。

人们很可能会在同意、犹豫和拒绝这三个想法中摇摆不定。你要仔细观察对方的变化，在最恰当的时刻推进业务。

这个男人的肢体语言告诉我们他还没有作出决定。

开放性的肢体语言意味着你可以放心大胆地向那个群体接近。

怎样接近群体

在社交和商务场合，如果你知道怎样与群体打交道，就能够避免遭受冷遇。首先，你需要观察他们的肢体语言。一个排外的小团体就好像一扇紧闭的门——不管怎么努力都开启不了。他们是不是都双手交叉，身体和脚尖指向彼此？建议你还是换一个交流目标吧，这些人并不是合适的对象。

你发现一群人中有人的脚尖指向外面？这是个好现象，你可以用他作为突破口。舒展一下肩膀，做个深呼吸，然后面带笑容地向这个肢体语言最开放的人走去。

如何建立信任

想要与人建立密切而融洽的关系，你需要获得别人对你的信任。一定要面带微笑，但不是那种假模假式的推销员式的笑容。保持眼神交流，摆出掌心朝上的姿势，同时确保你所说的内容和动作相吻合。比如，当你说到肯定的观点时点头，在说到否定观点时摇头。始终把你的脚尖指向谈话对象。

在讲话过程中自然地称呼对方的名字，并且配合他的说话风格，切忌说那些会让人联想到谎言的用词，比如“真的”。诚然，并不是每个人用这个词都是在说谎，只是说谎的人用的次数比较多罢了，同时他们还会用“老实说”这个词来加重语气。此外，“三”也是说谎者爱用的数字，不要随口就说“三个绝好的理由”或是“我都给你打过三次电话了”。

在谈话过程中，你需要时刻注意那些不利于你的动作，比如大家都熟知的摇头和摸鼻子这类动作，它们都意味着你的话语还没有打动对方。这时你需要做个深呼吸，放慢语速再尝试一次。在另一方面，如果你想要说服的对象开始与你的肢体动作保持一致，或者他微笑着点头，这说明你慢慢开始赢得他的信任，并将成功建立起融洽的关系。

怎样激发别人的积极性

有关怎样激发员工积极性的讨论已有很多，在这里我还有一个特别的方法可以确保你做好监管工作。

首先，不要去威胁任何人，只需要询问别人是不是有空谈一谈。用不带威胁性的动作，如：开放性的手势和姿态、坚定的眼神和微笑。说话时声调抑扬顿挫，语速比平时稍快，同时暗暗呼应对方的肢体动作。

如果你是女性，站立时可与谈话对象相隔 3 英尺左右，也就是站在你的自我空间的最外缘，并且与谈话对象面对面。如果你是男性，同样与对方保持 3 英尺左右的距离，但是可以采用直角的站位。

有一个小诀窍：如果你向别人提出的请求关于脑力劳动（“你能不能在明天上午九点之前完成这个任务？副总裁明天开销售会议时要用”），注意让你的左眼和对方的左眼居于一条线上；如果你提出的要求是涉及情感的（“你介不介意今晚再加会班”），就让你的右眼和对方的右眼居于一条线上。

你的谈话对象点头了吗，瞳孔有没有放大？如果有这些小变化，那说明你差不多成功说服他了。如果他眼光落到地上或是转过头呢？这时你应该退后，因为你也许过于咄咄逼人了。尽管你是管理者，但是为了更好地争取到员工的认同，你需要动用权威以外的东西，即融洽的关系。

怎样让团队接受你的方案

团队激励与个人激励有一些相同的技巧，但你需要采用比其他时候更加开放和有包容性的姿势。你需要跟每个人进行眼神交流，而不是跟团队中的某个人嬉笑，或是挤眉弄眼。

如果情况允许，尽可能围坐在圆桌周围，让每个人感觉到地位平等。如果必须挨着传统的长方形会议桌落座，尽管你的身份已经决定了你是最有权威的人，你也不要坐在会议桌的一端，因为坐在其他位置可以弱化这层感觉。当团队中任何一位发言时，你的身体应该朝向说话人的方向，可以做一些显得自己精神饱满的小幅度肢体动作。

团队中的每个人是否全力投入，你是能够看出来的。团队成员很可能会一齐大笑、互相点头，他们的姿势放松而又开放，脚尖指向正在交谈的对象。你需要留意观察。若是你发现有人眼睛看着地上，避免与人进行视线交流，或者更糟糕，大半个团队都心不在焉，眼睛望向别处，这时候你最好先谈点别的。

怎样表现你的友好

要想与人交朋友，向他们展现自己的友好，最便捷的办法就是倾听。每个人都希望有人能倾听自己的诉说，自己在交流中处于上风。人们乐于见到你做个耐心的听众，特别是当你摊开手掌，脚尖朝着说话人，摆出开放的姿势。如果你真的想要与对方交朋友，要做到这点其实很容易。在倾听的过程中，别忘了保持眼神交流，感兴趣时侧过头，说话时向对方稍稍探过身去。

如果你察觉对方往后缩，交抱着胳膊或是有其他封闭性的肢体语言，你最好能稍微缓和一下气氛。

我有一个朋友是新闻记者。当我们第一次见面时，她向我连珠炮般地提了一大堆问题。你在哪里出生？在哪里求学？为什么你会对交际产生浓厚的兴趣？从我最喜欢吃的甜点到怎样经营长久稳定的婚姻，她的问题实在是五花八门，无所不包。我耐心回答了她的所有问题，但却有种被拷问的感觉，于是我也在回答时穿插了几个问题作为反击。她很高兴地回答了我的问题，这时我才发现她并没有刺探我的意思。作为一名记者，爱提问是她的第二天性，提问题就是她的交流方式。

当你开始与新朋友交流时，不要喋喋不休地说自己的事情，但是最好也不要像我这位记者朋友一样盘问别人。你只需要把关注点放在对方身上，在交流时做到有来有往，相互谦让。

不同颜色，不同功能

最近,《新科学家》(*New Scientist*) 杂志公布了一项新的研究发现，在工作中，红色能够提高准确度，而蓝色能够激发创造力。

不列颠哥伦比亚大学的学者们对 600 名实验对象进行研究，观察他们在看到红色和蓝色后认知能力的变化。实验对象按照电脑上提示的字眼和图像完成任务，这些字眼和图像分别用红色、蓝色和中性色作背景。红色组在回忆测试和细节测试中做得不错，而蓝色组在需要想象和创造力的任务中表现得很好。

第3节

讲个小故事打破冷场

谈话的结果不重要，过程的气氛很重要。(业务员守则)

现在，你已经学会了怎样着装、怎样交谈、怎样使用香水，接下来你还需要知道该怎样说话！人们都喜欢听故事，这可能源自小时候父母给我们讲故事的美好回忆。每一天，我们都有很多机会来说一些小故事，比如参加面试或是与新客户见面寒暄时，说上1～2段记忆中的趣事，博得他人积极的回应，不但能增强与对方的情感交流，同时也能让对方更好地了解你。但请注意，我指的是精心准备的故事，而不是老掉牙的旧闻。你不但要熟记那些老套的故事，而且要因地因时变换故事。交际的大门已经向你敞开，是该做点什么的时候了。

如果你想知道讲一个好故事能有多大力量，可以听听那些政客争取选票时的演讲，听听他们是怎样来宣传自己或者某项政策方案的。政客讲的故事很少与自己相关，恰恰相反，他们会提到诺克斯维尔村那位失去家园的90岁老奶奶，会提到底特律那位总是担心一旦受伤或牺牲，他的孩子如何是好的警员。这些故事不但听起来令人感伤，最重要的是，它们唤起了人们对他人的关心。

你可以选择的话题很多，你可以说起自己蹦极时的惊险，也可以谈到玩帆伞运动时的刺激，还可以说说自己最糟糕的一次约会。这些故事都有相同的关键点，它们都是你某种意义上的胜利。例如，通过什么事情让你学会了灵活处理各种情况？年少时的梦想对现在的你有哪些潜移默化的影响？这些小故事虽然说的都是你曾经的不足，但也是一个绝好的机会：你可以借此告诉别人你现在已经成功地克服了这些缺点。但请记住，**小故事虽有效，但不能透露太多，特别是那些只能与最亲密朋友分享的个人秘密**。小故事就是一种增进友情的方式，它能拉近你与陌生人的距离，或许还可以帮你了解到一些别人的经历。

我们讲小故事就是为了自然随意地与人交流。你可以提些无关紧要的问题来推动话题，比如“你上个周末玩了什么”，那么接下来你就可以说说自己度过的精彩周末。即便不是周末发生的也不要紧，只要是你自己的故事，只要合乎场合，就可以拿出来分享。小故事就应该这样顺着思绪以很偶然的方式来提及，而不是滔滔不绝。请记住，**通过分享自己的过去，你能够与谈话对象之间产生情感的纽带，而这正是建立良好关系的基础**。小故事还能够提升我们的身份。我有一个朋友在金融公司工作，但他并不明说自己负责人事分析，只是称自己在华尔街工作。再举一个例子，上次在鲍勃家烧烤时，他夫人跟我说了一个笑话，而鲍勃是一位副总裁，当我转述这个笑话的时候，就相当于在告诉你：我与管理层交情匪浅。

也许你会生出疑问，“托尼娅，为什么我要预先准备小故事呢？为什么不在聊天的时候即兴发挥呢？”当与家人和朋友在一起时，你可以即兴发挥；但当你与某人初次相识，想在他面前树立起自己的形象和提高社交层次时，除非你是能口吐莲花的天才，不然临时组织的语句往往会陷入枯燥、冗长、荒诞无稽的窠臼。只有多练习几遍，才能在讲故事的时候一语中的，而不用苦苦思索；也只有多加练习，才能把故事说得灵活生动。想想你在听别人说话时感到无聊却又不得不装作很感兴趣的那一刻吧，真是百无聊赖啊。

要想快速避开对方临界因素的干扰，你需要与谈话对象保持眼神接触或潜意识相通。要做到这一点，你还需要借助语言和非语言的约束机制。这些都是与他人交朋友的好方法，能帮助我们统一彼此的心理定式，从而建立起情感联系。

小故事可以帮助你说明自己的价值观。讲故事的过程也是你用迂回的方式传播信仰、道德、标准和理想的过程。与他人分享你的弱点，可以在你们之间建立起情感的纽带。有经验的写作者都知道，“要把事情原貌展现出来，而不是把结论告诉读者”，在你讲述小故事的时候，你并没有滔滔不绝地美化自己，而是用情感流露告诉对方，“我很友善，也很自信，我愿意与你分享我的弱点、信仰和价值”。你的目的就是引起谈话对象对你的兴趣。

小故事能让你们产生共鸣

进入自己的记忆深处，从中整理出两个童年时期的趣事、一个少年时期的趣事、两件与上一份工作有关的事，还需要准备至少五个冒险经历。这些小故事都是用来吸引听众的注意力。你想让谈话对象了解哪方面的事情，想让对方产生什么样的感觉？你是否希望别人认为你很有责任心，很率真，而且关心他人？一旦你决定了自己希望带给别人什么样的感受，你就可以把这些故事利用起来。换句话说，你可以把这些故事当做素材加以修饰，让它们更好地传达你的思想。这并不是让你去说谎，而是让你借由思想与另一颗心产生共鸣。

用第一人称来讲故事

用第一人称说故事更加直观（谁会去操心你的朋友做了什么事呢）。为了让故事取得更好的效果，你还可以不留痕迹地补充一些别人对你的评价。比如，“后来约翰跟萨利说，‘迈克这人冒险去尝试了很多新东西，最后他都成功了！’”

引人入胜的开场白

“昨天我遇上了一件超级可怕的事情。”

“说出来你肯定不相信，今年夏天我在牙买加光脚爬上了那道大瀑布。”

“每次只要我想到度假，就会想起那双银色的溜冰鞋。”

你的第一句话往往最能引起听众的兴趣，而且也确定了这个故事的基调，刺激好玩？令人心碎？还是值得夸耀？故事的情感基调就好比音乐旋律：乡村民谣和摇滚乐有着截然不同的前奏。

勇于自嘲

自嘲能提升你的地位，说明你不介意拿自己开玩笑。能在口头上放下身段，恰恰表现出你不是那种过分注重自我的人。不过，还是要把握好自嘲的尺度，既不伤害到尊严，也不会让人觉得言不由衷。

拿自己打趣之后，你就该讲讲你是怎么处理好的，这样显得你很有人情味，也能赢得更多印象分。例如，你正和同事愉快地共进午餐，聊起早上你兴冲冲地赶往办公室的情形："结果，就在我跨进办公室大门的刹那，'啪'摔倒在地。"事情发生的时间点很重要，如果你在同事或其他人面前摔了个嘴啃泥，这会极大地有损你的形象。可若是发生在过去，你就可以把它当做茶余饭后的笑料来分享了。

用生动形象的语言描述

当你说起故事里的人物时，可以用一些形象化的描述，让人能够想象出那些人物。不需要太注重细节，但要尽量用生动活泼的语言，让人们可以有身临其境的感觉。

这样能够激发听众的情绪和好奇心，让他们与你一起经历故事里的欢笑悲伤。讲故事需要声情并茂，因为故事都是人生经历的缩影，是记忆中那些真实、欢乐、惊喜、幸福或重大的瞬间。在真实生活中，我们有着一系列语言和非语言的情感表达，那么讲故事的时候也应如此，可以时而震惊地睁大眼睛，时而提高音量或压低嗓门，时而加快语速表达急切的心情，时而放慢速度来营造宁静的感觉。

巧用对话

当我们看小说时，眼光常常会注意到一段段对话上去。人们喜欢直截了当的对话，所以不妨这样讲故事："于是，我告诉那位警官，'明明每个人的车速都超过 75 码'。那位警官回答说：'就是因为你带头超速。'"

提供对故事的解读

小故事与具体事件不同，它是一种策略性的语言和非语言工具，其中巧妙地糅入了你想表达的信息。小故事分起始、过程和结尾三个阶段，在结尾处你要给出一定的解读。因为面对不同的受众，同一个故事可以引申出不同的含义。你已经用讲故事的办法成功展开交流了吗？还是从失败中总结出要领了呢？讲故事这个办法是否或多或少改变了你的生活？

调整故事的篇幅

故事的长度并非一成不变，你需要根据场合、情境和听众来调整篇幅。你不妨为每个故事都准备好一分半钟和四分钟两个版本。

练习讲故事和复述故事

分别说三个小故事，用录音机录下来听听看。你觉得自己说得如何？然后再用摄影机把你讲故事的样子录下来，是不是差别很大？现在请你按讲故事时的动情程度给自己打分。节奏恰当吗？用词有没有说到点子上？身体动作是不是自然？如果你是听众，你相信自己说的故事吗？我们说故事是为了激发听众的兴趣，对方越感兴趣，与你会面的经历就越难以忘怀。

案例直击

尼克松 PK 肯尼迪

尼克松与肯尼迪的那场世纪辩论已经成为有关非语言交流必会提及的话题。对于坐在电视机前收看辩论的人们来说，肯尼迪锋芒毕露，以他优雅的形象、真挚的神情和冷静的举止胜过尼克松；而那些从收音机里收听两人辩论的听众，则认为尼克松会获得最后的胜利，因为他的声音是那么地泰然自若，对议题的把握也更贴切。

顺应听众的喜好

让人听了心情愉快的家庭故事能在社交场合中收到很好的效果；而怎样解决难题的故事则是商务环境下展开交流的不二选择。

一语倾城

在交谈时要随时注意别人的反应，这样才不会给人留下无趣或傲慢的坏印象。你期待对方边听边暗自思忖：“接下来发生了什么呢？”而不是在心中嘀咕：“他那张喋喋不休的嘴巴何时能够停下来啊？”

每一次你跟别人提起生活中的小故事，都要把它当做是第一次诉说。讲述的时候要声情并茂，同时留意对方的反应。当然，你只需要与对方分享一些生活中的小片段，而不是把自己的整个人生和盘托出。与人开始交谈时，要用真心来打动对方，你可以准备几个好段子，作为拉近距离的万灵药方。

告诉我为什么

人们对与自己有关的事情最感兴趣，如果你开口询问，他们一定乐于多谈谈自己的情况。下面我列出了 10 个为什么，这 10 个问题可以帮助人们更好地打开话匣。但是，在提问之前要有所准备，想好别人回答之后自己该怎么接话茬。提问也有讲究，不要问一些用一个字就能回答的问题，而采用“是什么 / 为什么”结构来提问题就可以让对方多谈几句了。

你喜欢猫猫狗狗吗？为什么？
你的朋友一般怎么称呼你？为什么？
你做过最大胆的事是什么？为什么？
你晚上一般做什么？为什么？
你最喜欢吃哪道菜？为什么？

你最欣赏哪位作家的作品？为什么？

你去过的最好的度假地是哪儿？为什么？

你最喜欢哪支乐队？为什么？

你一直以来最喜爱的电影是哪一部？为什么？

你小时候的理想是什么？为什么？

各种各样的信息

随时说上几个精心准备的故事不仅向他人传递了你的个人价值观、信念和目标，也能稍稍展露你的另一面，令你在他人的心目中随即充满独特魅力。

把一些时事作为谈资，也能带来类似的效果。当你与谈话对象之间并无太多共同之处可以交流时，至少还能分享各自对国内和国际大事的看法。每个清晨，花点时间浏览下新闻，就像每天早上都要喝咖啡或茶一样形成习惯。你需要从网络和电视等不同的渠道来接受信息，因为新闻报道都具有倾向性，所以你需要从多个角度来了解同一新闻，才能确保自己知道事件的全貌。当然，我并不是让你连篇累牍地读完五份报纸，你只需要浏览一下主要内容，从好莱坞明星的婚恋到中东局势，只要知道些大概就可以了。

此外，还可以收集一些特别的聊天素材。很多最能吸引人眼球的信息藏在报纸背面的豆腐块文章里，这些信息读到的人不多，我们正好可以拿来当做谈资。比如说，“你看到今天报纸上那篇文章了吗，据说在人的右耳边窃窃私语更容易说服别人。我的天，这真是太奇妙了。文章中说我们的右耳更听话，因为左脑处理起语言信息更在行。嘿！这听起来太棒了，快到我这里来，让我试试在你右耳边说悄悄话是不是真的管用！”

隐藏的谈话思路

当你第一次与人见面而又相聊不欢的时候，最重要的就是想办法改变。隐藏的谈话思路就是一个完美的解决办法，因为它们在你的谈话中不知不觉被提及，却能给交流带来一份新感觉，同时也把谈话引向新的主题。

就如下面这个例子："这星期我本想带孩子们去游玩，可如今连打棒球的花费都贵得离谱。"这句话隐藏的谈话思路是，每样东西都贵得离谱。这句话拓宽了交流内容，给谈话对象很多的发挥空间。

"就是，"他可能会这么说，"现在什么东西都在涨价，想全家人一起出门比以往艰难多了。"

这时你可以接着说："确实如此。每星期的油钱都是一笔大开支，看来该换辆低排量汽车。说到汽车，你注意最近新上市的电动汽车了吗？"

短短几句话，你们的话题就从打棒球转移到了电动汽车上。"连打棒球的花费都贵得离谱"这句话可以引出各种各样的回应，于是就多了一大堆可以交谈的新话题。在上面这段交谈中，谈话思路是"每样东西都很贵"。你没有用"是啊 / 不是啊"这样容易陷入僵局的回答，而是在回答中引出了新的话题，激起对方的兴趣，把谈话往下一个层次推进。你还可以借助天气之类无关痛痒的话题。

"今天好冷啊，是不是？我真希望自己现在能再去一次加利福尼亚。"

"你去过加利福尼亚？什么时候去的？"

"是啊，不久前刚去过。我很喜欢旧金山。"

"我也是。你在那边住在什么地方呢？"

只要掌握了这个谈话技巧，你就再也不用为气氛不活跃或是交流不下去而烦恼了。

Q&A

读者：我马上就要参加一次求职面试，怎样才能给人留下最好的印象呢？

托尼娅：一定要对面试的公司进行认真了解，这可以令你从其他应聘者中脱颖而出。你的装束也要符合行业的要求。微笑、侧过头，并且不时点头让面试官明白你正在用心听他说话。最重要的是凸显自己的长处。对于面试必定会被问及的问题"我为什么要聘用你"，你一定要预先打好腹稿，给出一个比其他 25 位面试者更好的回答。你可以试着用一些典故和小故事来拉近彼此的关系，同时注意保持自己在职业方面的专业性，这将帮助你与面试官建立起融洽的关系。

读者：我不得不进行一次演讲，但是我很不喜欢在公众面前演说，到时我肯定会说得结结巴巴。如果您能给我一些指点，我将感激不尽。

托尼娅：我所能给你的最好的建议就是，把它变成一次难忘的演说。用有力的故事作为开篇，不用做什么介绍或是聊聊天气。你要带给听众出色的观点（演说可以激昂一点，如果做不到也无须给自己太多压力），在结尾处用另一个有力的故事来呼应开头。

第 4 节

男人女人都要懂的交流方式

在我身体里好像住着两个自己，我和我的直觉。要是我违抗自己的直觉，它每次都会把我弄得很狼狈，可要是我遵从它，我们就能友好相处。

（金·贝辛格）

从逻辑上来讲，人人都知道男人和女人的交流方式是不同的，这点不用我特意说明。可惜的是，有时候我们还是必须经过提醒才能真正意识到男女之间天性截然不同。我们每个人都在进化形成的结构基础上被社交环境深深影响，男人会为某样事物感到兴奋，女人则会因为另一样事物而大呼小叫，其中最根本的原因就是男女之间有着天壤之别，这种区别并没有好坏之分，只是性别差异。公众一般认为，女性对什么事情都大惊小怪，男性则要表现得淡漠很多。但这种观点是不是事实呢？也许我们需要的只不过是一点技巧，学会怎样让异性读懂得我们的内心世界，让对方更容易理解我们的观点。了解这些区别对人们的人际交往很有帮助，甚至还能改善个人的生活。其实，从呱呱坠地的那天开始，每个人已经有了预先设定好的遗传和社会要素。身体的进化也遵循着最古老的角色分工：男人外出捕食，女人哺育后代。这种分工有时会有些例外，但通常人们都是依照这一与生俱来的方式作出反应。

多年前，我朋友家的宠物狗身上突然出现了跳蚤，不是一只两只，而是一大群。朋友夫妇是第一次被这些该死的跳蚤侵扰，完全不知道该怎么办。他们只知道家里快被跳蚤占领了，床上、孩子身上、狗身上，还有他们自己身上，到处都有跳蚤的踪迹。这些跳蚤是星期天晚上被发现的，第二天，她歇斯底里地给我打来电话。

“他把我丢在家里独自走人了。那个混账家伙，把我丢在跳蚤窝里就去上班了。”她是那样震惊，当她留守在家收拾房子的时候，自己的丈夫竟然一走了之。凭借女人的直觉我就知道，在一个女人为跳蚤而惊慌失措的时候断不能让她一个人去面对，然而她的丈夫却忽略了这一点。对她丈夫来说，为了那么一点无足轻重的小事留在家里太荒谬了。我的朋友需要丈夫的陪伴，可惜他并不能理解她当时的愤懑和沮丧。

这是因为两人有着截然不同的思维定式。我的朋友曲解了丈夫的举动，于是有种被遗弃的感觉。她觉得丈夫不够关心自己，不能陪伴在她身边。其实，她的丈夫很关心他们满是跳蚤的小家，正是为了供养家庭他才外出工作。由此看来，正确看待和接受两性之间的思维差异对我们今后的交流大有帮助，不管是讨论宠物身上的跳蚤，还是讨论自己的发展前程。

从儿童时代开始，婴儿们就开始接收与自身性别相适应的信息和玩具。“这个小女孩多么漂亮啊。”“嘿，小鬼。”“我的小天使好不好？”“你可真是一个健壮的大男孩啊。”其实，就算没有周围的暗示，人们考虑问题的方式和作出的反应都会受到预设因素的影响，早在出生前就由各自的激素决定了。

每个人都拥有46条染色体，从父亲和母亲身上各遗传到23条，来自母亲的始终是X染色体。如果来自父亲的也是X染色体，那么孩子就具有XX染色体，是个女孩。如果来自父亲的是Y染色体，那么孩子就具有XY染色体，是个男孩。不过，关于性别还有一个疑难点。人们要怀孕6～8周才能知道胎儿是男是女，因为那个时候正是性别特征形成的时期。回到混沌的最初，每个胎儿都是女性体；人体和大脑最初的蓝图是女性化的。不管人们相不相信，我们每个人一开始都只有XX染色体，这也是为什么男性有乳头的原因。

雄性激素和雌性激素

如果你曾经参加过减肥锻炼，你就知道男性比女性能够更快减轻体重。

男性的分工是狩猎捕食，身体也是这样一步步进化。女性身体的平均脂肪比重要高于男性。大量的雌性激素使女性能够孕育后代，同时也有利于女性保持体内的脂肪。脂肪能够保持身体的温暖，也提供了温热的环境迎接小生命的到来。雄性激素使身体保持精瘦且健康，有助于肌肉生长，而雌性激素则会让我们变胖。激素的变化从青春期开始，十几岁时，男孩的雄性激素水平比女孩高出 20% 以上，使男孩们生长出更多的肌肉，而女孩们则产生更多脂肪沉积。女性的激素水平不像男性那么规整，而是每 28 天为一个循环，还会带来情绪的起伏。要是你不相信，就去随便问一下 11 ～ 16 岁女孩的家长吧。这些青春期的变化仅仅只是开始，性别差异正在逐渐展现出它们的作用！

他和她的大脑

男人的体格较大，需要更多的神经元来控制身体，因此男性大脑经常要比女性大脑大出 11% ～ 12%（需要说明的是，在这一点上尺寸并不能说明任何问题，大脑的大小对智力并无影响）。

正如本书开篇所说，女性的左右脑半球都跟语言和视觉能力相关；而男性的视觉能力可以说一直是由右脑半球来控制，语言能力则归左脑半球负责。所以在处理抽象问题时，女性会同时开动左右两个脑半球；男性则倾向于运用右脑半球来思考。

大部分女性（约占 90%）的空间认知能力十分有限。这个差别可以通过脑部扫描仪显示出来，实验结果也已经证明男性处理空间问题更加得心应手。有了这项能力，男性就能在狩猎时判断出猎物的速度和距离，进而计算出自己该跑多快才能追上猎物，或是从野兽的利爪下逃脱。不可否认，女性中也有擅长计算的人，就像有的男性有过人的语言能力一样，但是这是小概率。

我自己便是一个活生生的例子，在我怀着第三个孩子 7 个月的时候，我和丈夫开车去田纳西州的大烟山度假。你能想象我们一家在车上的情形吗？一个大腹便便的孕妇、一个脾气急躁的丈夫，外加两个一刻也不消停的孩子。我的丈夫一次又一次询问我们在地图上的位置，可我却总是一而再，再而三地给他错误答案。不知为什么，我就是不会看地图，地图上的标记对我来说好像天书一般。我们恼火地把所有想得到的乡间小道都绕了一遍，尽管每次指路时我都觉得没错，可最后总是回到城市里的十字路口。那时要有GPS该多好啊。

在小孩身上我们也时常能看到这种差别。小男孩做算术题、玩拼图和解决问题的速度通常要比小女孩要快，从这点来看，男人没准就是天生的数学怪人。美国约翰·霍普金斯大学 (Johns Hopkins University) 的科学家发现，男性大脑皮层中被称做顶下小叶的区域明显要比女性大脑的同一区域大许多，在爱因斯坦和其他男性物理学家和数学家的大脑里，这个区域更是大得惊人。

交 流

雌性激素能促进神经细胞在大脑的左右脑半球之间产生更多的联结。研究发现，这种联结越多，人们说话就越流利。耶鲁大学医学院研究发现，在女性的大脑中，额叶两侧可以同时处理语言，而男性往往只能在左脑半球进行处理。此外，女性大脑中处理语言的两个区域比男性要大，这恰恰说明了为什么女性通常能在以语言为基础的项目上表现得更为出色。

男性一般是问题的解决者，而女性只是希望有人倾听。

> 我朋友夫妇的跳蚤事件多少也受这方面的影响。当她的丈夫回家时，他发现家里乱作一团，而妻子已经非常愤怒。这时候她根本不指望丈夫能收拾眼前的烂摊子，只是想得到一些宽慰。只是大部分男人不会这样想，面对妻子的无助，他以为妻子想要知道解决问题的方法。于是，他又置妻子于盛怒而不顾，自己一个人跑去宠物用品店买杀虫剂了。

脑部扫描仪上显示，当女性说话时，大脑左右两侧控制语言的区域都在运作，她的听觉功能也同时启动，于是女性可以一边听一边说，在大脑中同时进行多项任务的操作。

对男性来说，处理词汇的区域位于左脑半球的前部和后部；女性大脑中，该区域在左右脑半球的前后部位都有分布。人们怎样读懂情感内涵呢？这就需要肢体语言和语调来帮忙了。

总而言之，女性的交流方式比男性更情绪化。她注重感觉和人与人之间的关系，而男性则注重力量和地位。面对问题时同样如此，男性采用直奔主题的解决方法，女性则倾向于营造亲切感来表达自己的关心和感同身受。

案例直击

当丈夫忘了妻子的生日

我的朋友吉娜十分看重自己的每一个生日。事实上，她对所有人的生日都很重视。她认为每个人都有机会在生日当天成为一颗耀眼的明星。生日对她非常重要，在生日前一个星期，吉娜就会做好一切提醒工作，确保周围每个人都没有忘记那个特殊的日子。提醒的对象当然包括她的丈夫。她会暗示自己想要的礼物，还会谈起自己向往的庆生方式。吉娜并不是一个要求很高或物质贫乏的人，她只是很重视生日，期待每年的这一天自己能够好好庆祝一番。

问题是，吉娜的丈夫拉尔夫并不把生日当回事。对拉尔夫来说，这只是日常生活里的普通一天而已。“有什么大不了的？”拉尔夫说，“我们到周末再庆祝好了。”他并不是有意要忽视吉娜的感受，可结果就是如此。年复一年，吉娜总是巴望着丈夫为自己过一个隆重的生日，但每年她都很失望。刚刚过去的这个生日，吉娜又一次提前告诉大家。生日这天，跟往年一样也是个工作日，这天的开始也与往年没什么不同，拉尔夫递给她一张生日卡片，卡片上只简单得签了个名（没有什么可以让她回味的甜言蜜语）。他匆匆在她脸颊上印了个吻，留下一句“生日快乐”便出门上班了，却不知自己已经给这一天定下了调子。

当天晚上拉尔夫回家时，家里还没有开饭。拉尔夫问吉娜怎么回事，吉娜大声回了句“没什么”，然后就转身走开了。拉尔夫以为妻子忙得没时间做饭，便提醒她时间不早了，该准备晚饭了。拉尔夫耐心地等着妻子下厨，吉娜始终一言不发，心里却在翻江倒海：

他总是这副德行。在他眼里我就这么不重要，不值得他为我请假，也不值得他带束花回来，也不值得接我出去吃饭或是带我出去玩。

而此时拉尔夫脑子里的逻辑是：现在既然还没到开饭的时候，我正好可以查收几个邮件。于是他便在电脑前专注地工作起来。在这段时间里，吉娜开始沉思默想过去这些年发生的事，觉得拉尔夫很可能变心了，她仿佛预见到他们的婚姻即将画上句号。如今她已经是黄脸婆，他没准想要换个年轻太太。

吉娜想：他一直都很注重打扮。我最近有些发胖，也许我对他没什么吸引力了。这个男人已经不再关心我，我到底为他虚掷了多少光阴？

与此同时，拉尔夫正在看同事的邮件，告诉他明天一早有个会议要开。这时候他多少也有些生气了，这天晚上夫妻俩没说上几句话（拉尔夫本想与她在生日之夜欢爱一番，但吉娜拒绝了）。

第二天又是一个忙碌的工作日。回家的时候拉尔夫心情已经转好，只是他依然不知道自己已在他们爱情的坟墓上划了一道深痕。吉娜默默驱散心中的悲伤，随着又一次生日的期盼化为泡影，最后她只得把失意一点点抚平。

要是我们都能读懂对方的心意该有多好，只是我们都没有这个能力。我们所能做的只有尽量试着去了解对方的想法。

当感到失望，或被自己信任的人背叛，或感到他人对自己寄望过高的时候，女性会急躁易怒。男性的怒意往往是被陌生人、社会事务和出错的计算机程序所激起，要是网络突然连接不上，拉尔夫很可能会比妻子忘记他的生日更气恼。

这并不是说甲女不如乙男好胜，也不是说丙男不如丁女会体谅人。那些都是个案，但是总体来说，男性生来就更加好胜，而女性生来就更能推己及人。这么说并不是性别主义作怪，男女之间确实是存在这样的差别，而且他们的交流方式也各有不同。

压　力

2007 年有项研究表明，男人和女人在面对心理压力时的神经反应是不同的。男人倾向于典型的战斗 — 逃避反应，而女人则更倾向于“以朋友相待”。

共有 32 名实验对象接受了功能性磁共振成像扫描，然后他们被要求在有压力的情况下完成一次富有挑战性的四则运算任务。研究人员不断催促实验者加快演算速度，一旦计算结果不对，就让他们从头开始。同时实验者还被要求在不受任何压力的情况下进行倒数。

研究人员测量了实验者的心跳频率、皮质醇水平（一种压力激素）、压力指数和局部脑血流量。脑血流量是指在任一指定时间内的脑部供血量，能够显示出在该时刻大脑哪个部位活动最剧烈。对男性的观测显示，承受压力时右前额皮质内的血流增多，而左眼窝前额皮质的血流减少。当女人身处压力之下，大脑中主要与情感有关的大脑边缘系统便被激活了。由此可见，当男女双方接受同样的压力时，大脑中活跃的部位却是不同的。

这项研究的主要发起者认为，从历史角度来看，男性可能不得不面对生死攸关的情况或事件，在这样的压力面前只有战胜或逃避的选择。而另一方面，女性则可能面对哺育后代的压力，以及如何能与最大化延续种族生存的社会群体打交道。

我觉得这很有道理。当我们女人警觉时，我们只想保护家庭和社区不受伤害，而不会做出战斗—逃避的反应，我们想要照顾到每一个人。这些生物学上的差异不管是在家庭还是工作场所都伴随着我们，它们也决定了怎样才可以让我们点头同意。

声音差别

女性在分辨高音量的声响方面很有天赋，能够在夜晚听见婴孩的哭声。女性对语音语调的变化也很敏感，并能解读出音调背后的情绪变化。

女性能够很好地分辨出声响，而男性则能更好地判断声响的来源。这个能力源自大脑听觉区域里的一组细胞，它们能够精确定位发出声音的地点。

与拥有高超的空间辨别力一样，男人需要听风辨位的能力去狩猎。

女性可以听到一系列高低不同的声音，总共有五个音域。而男性能够听到的音域比较有限，只有三个，他们对于解析音调变化也很头疼，说话时的声音也比较一成不变。

味觉和触觉

研究发现,女人对味道和气味感觉灵敏。人类有着成千上万个味觉感受器，能够辨别出甜酸苦辣这几种主要的味道，我还有好几百万个皮肤感受器可以体会痛楚，也有成百上千的感受器用来感受寒冷、触摸和挤压。女性的皮肤较薄，不过在皮肤下还有额外的脂肪层起到保暖和防护作用，女性对触摸要比男性更敏感，没准这就是为什么女人更喜欢通过触摸来表达感情的原因。

在美国，女性在交谈过程中碰触另外一名女性的可能性要比男性碰触同性高出四倍。此外，男性一般在交往初期会碰触对方，女性在交往以后则会抚摸得更多。这点并不适用每一段交往关系，但在通常情况下是这样的。

碰触是一种占据统治地位的表现，经常被男性用来体现自己的身份。在任何互动中，身体接触都扮演了举足轻重的作用。一般来说，第一个发生的互动即握手、触摸手臂，或是不小心轻轻撞到别人。男女之间的碰触能够传达出丰富的信息，既能打断语言，又能表达爱意和力量。许多研究表明大部分人可以接受男性触摸女性，因为男性似乎在社交地位上高于女性。

除非两人已经很熟悉，否则男性只能碰触女性的手掌和额头。除此以外，任何部位的接触都过于私人化。女性则可以互相碰触手掌、前臂和上臂，以及脖颈。女性可触摸的范围确实要比男性广，因此有时候她们的手势会让男性产生误解。

你听说过男女之间在“拥抱派对”上相互配合吗？在这种互相配合的派对上,人们相互影响,参与者可以与众人一起拥抱,也可以一对一地拥抱彼此。参与者还可以用脚和勺子搞点小动作，或只是坐坐，顺便揉一把看着顺眼的人。我们中有很多人非常缺少身体接触,以至于他们乐意花钱来买一个拥抱。

Q&A

读者：男人更具有控制力，也更容易作出决策，这是真的吗？我想这大概就是美国至今都没有出现一位女性总统的原因吧。我估计有生之年也见不到了——恕我直言。

托尼娅：男人和女人之间有着巨大差别，这一点毋庸置疑。不过，你的问题更多与情境有关，而不是性别。女性在被问及体育赛事的时候也许会有些迟疑，可你要是拿一堆关于睫毛、眼线、睫毛膏的问题去请教一个男人，他一样也会犹疑不决。至于你提到这辈子都见不着一位女性总统，只要你还没到 85 岁高龄，尽可以安心拭目以待。

当痛楚和疾病袭来

抛开生育这件事情不提，女性对痛觉的感受要比男性更剧烈。

2007 年曾经做过一项试验，试验人员分别在 25 名男性和 25 名女性的手指上涂上某种致伤介质。然后，由被试验者根据痛楚的程度和身心不愉快程度打分。经过 16 轮试验，得出一个结论：在施放介质时和施放之后，女性上报的痛楚等级均高于男性。

男人和女人对大脑左右半球的使用有所不同，容易罹患的疾病也是不同的。2008 年《新科学家》（*New Scientist*）上有篇文章指出，女性大脑中分泌的血清素（即控制精神状态的神经传递素）只有男性大脑的一半，这令女性更容易受到消极情绪的影响。而男孩患孤独症、妥瑞氏综合征、诵读困难、口吃、注意力缺陷障碍和早期精神分裂症的几率更高。

小心靠近

在接近时

借助女性的周边视野，女人很容易就能发现一个不为人注意的男人。男人就办不到这一点。因为男人更多具有隧道视野，经常需要上下左右转动眼球。通过跟踪眼球的转动，人们早已知道男性和女性首先都会端详他人的面貌。只有在扫描过对方的脸部之后，男人的视线才会非常明显移向女性的胸部并长久停留在那里，女性则会观察完长相之后看向男性的双腿。

在交谈时

在交谈时男人和女人都会点头，但是他们点头的原因截然不同。女性的点头动作远比男性要多，点头是女性表示鼓励的一种方式，同时还可以让说话人知道自己一直在聆听——但不总是表示她们同意说话人的意见。男性则只在同意某个观点的时候才会点头。

我们该如何相处

男女从一开始就分担了狩猎者和哺育者的角色，也许这就是社会与生俱来的分工。但在现代商业社会，每个人都扮演着各种不同的角色，想要与交流对象建立融洽的关系就要把交流对象的性别因素考虑进去。

我的一个朋友经营一间公共关系事务所，她提到如果想给女客户留下好印象，没必要准备多么精美的宴会或昂贵的礼品，最有效的方式是赠送给她的孩子几张音乐会或其他活动的入场券。我的朋友同时指出，男客户通常对免费赠品没什么兴趣（除非是体育比赛的门票），他们更想搞清楚项目的最低价。她的这番话听起来像是性别主义者的言论吗？她认为自己只是按最有用的方法行事，她只是在争取对方的认可。

每个人都是独一无二的个体，上面所说的都是一些最基本的参考准则。这些参考准则经由研究得出。如果你明白了性别差异，你就能与男性和女性都建立良好的关系，也能交流得更顺利。不管你喜欢与否，每个人都是不同的动物。弄清楚人们为什么会有差异，以及有哪些差异，你就离他人肯定的答复又靠近了一步。一旦你掌握了劝服他人时的心理招数，你就能在交际游戏中拔得头筹。

Q&A

读者：我和朋友一起出去时，他总有办法能与女孩子搭上话，与之发生关系。我却一次都没成功过。我感觉从我准备去见她的那刻起我就注定要一无所获。说起来，我人品也不差，长得很不错，跟我聊天也很轻松。为什么我就找不到女孩子呢？

托尼娅：总有一天你也会成功的。要解答你的疑问可以摆出一大堆科学理论，但从根本上来说，女人在寻求短暂的男女关系时（尤其是当雌性激素分泌比较旺盛的时候）总是被那些居于支配地位且充满自信的男人所吸引，这类人雄性激素水平都比较高。但当女性寻求长期的情侣关系时，好男孩就会胜出。你该好好想一想如何向他人展现自己最好的一面，并把这些想法付诸行动。

你有多性感取决于你的观众是谁

在 2009 年进行的一次研究中，4 000 多名参与者在观看过不同性别人群（年龄在 18 ~ 25 岁之间）的照片后，根据吸引力程度给照片上的人物打分。分数采用十分制，等级从“一点都不”一直到“非常”。作为参加研究的回报，研究人员将告诉这些打分者哪些特点是他们认为比普通人更有吸引力的。这些参与者的年龄从 18 岁至 70 多岁不等。

参与者根据照片上的人像是否有吸引力打分，研究团队的成员就按照性感、自信、瘦削、敏感、时尚、曲线美（女性）、肌肉发达（男性）、传统、男性化 / 女性化、优雅、仪容整洁、乐天等指标来划分等级。

男性在评价女性是否有吸引力时首先会考虑形体，他们给那些身段苗条且诱人的女性打上高分。参加研究的男性中，绝大多数都认为照片上看起来充满自信的女性很有吸引力。

从整体来看，女性在打分时比较偏好瘦削和肌肉发达的男性，但是她们对于研究中的男性吸引力程度有着不同的看法。有些女性觉得非常有吸引力的男士在其他女人眼中却毫无吸引力。最终结果表明，男性始终坚持按照女性的身材来做评判，女性的评判标准则因人而异。

第 5 节

扭转乾坤的心理法则

善于辞令的说服者都有着能让其他人认可的秘诀。我不得不承认，他们运用的技巧真的异常强大，有时即使知道他们的小花招，我还是会掏钱买下他们推销的商品。

情感银行里的储备

在与人交往的过程中，总是存在着一些热键，你只要轻轻一按就能让他人按你的意愿行事。例如，假设你的同事计划要与妻子共进晚餐，可他的工作排得密密麻麻，没有完整的空闲时间。这时候你乐意帮他完成剩下那些琐碎事务。这时你就好比在情感银行里存上了一笔金额，可以在今后提取。

现在你就处在一个很有利的位置了。你的同事今后会在别的方面回报你，这是肯定的。到那个时候，你甚至还能换回更大的回报。由于你是第一个向同事表达善意的人，也就博得了接受感恩的权利。当别人为我们付出的时候，我们的第一个念头就是回报。这就是人们所说的投之以桃，报之以李。

回想一下你上次收到的“免费”回邮信封吧，这些回邮信封夹在非营利组织的邮件里。回邮信封上还附了 5 美分的邮资，无形中提高了你回寄的可能性。当你见到 5 美分邮资的时候有什么感受？是不是觉得有些怪异？会不会觉得不捐款就好像偷偷占用了慈善资金一样？这些回邮信封和邮资就是非营利组织令你掏钱捐款的秘诀。你想想看，在每封信里都附上邮资也是一笔不小的开支，如果他们收到的回报不如预先投资多，那他们还会这样做吗？

树立身份地位

树立身份地位也就是向他人显示出你所处圈子的重要性，而且由于你的加入，这个圈子拥有了更高的价值。

当人们与某个圈子有联系，或是打心眼里觉得某个圈子的人比自己懂得更多，他们非常有可能作出回应。“5 千万法国人总不会错”这句台词出自一出古老的音乐剧，形容人们有一种随大流的信念，即如果别人都这么做，那我们也该像他们一样做。早在 17 世纪 80 年代，约翰 · 德莱顿（John Dryden）就已经在作品中这样写道：**“人类的判断并不总是正确的，多数人也会像少数人一样犯错。”**

当一种货品供不应求时，其价值就会被抬高，这个道理放在个人身上同样适用。如果你目前的工作报酬很低，别人就会猜想是其他公司都不愿意雇用你，你不是雇主需要的人才。假如你的双胞胎兄弟已经拥有了自己的公司，而且经营得风生水起，他本人也名利双收，那么就算他喜欢自吹自擂，别人还是会觉得他比善良诚恳的你更有出息。

> 我们来看一下休 · 海夫纳的故事。当初他创办《花花公子》杂志，身边环绕着无数美丽的女人，他还建起一座豪宅与美女们一起享受奢靡的生活。豪宅就像是一个展台，收藏着他征服过的美女。假如当初海夫纳打造的是严肃的新闻帝国，没有那些莺莺燕燕，他的知名度就远不如现在这么显赫了。

有些剧院会安排假观众在关键时刻鼓掌造势。第一个起身鼓掌的人是很有煽动性的，会带动其他观众全体起立欢呼。整个剧场的人都站起来的时候，没人还能在自己的座位上纹丝不动；而当周围人都放声大笑时，就算那些笑声是前期录音的，也没人会再保持沉默。人为制造的笑声尽管听起来闹得慌，目的却是和假观众一样的，而且也确实有效。

从光环效应里沾光

有位著名的运动员为某个男士内衣或啤酒品牌拍摄广告片。凭什么他可以代言那些风马牛不相及的产品呢？原因就是：光环效应。顶级运动员的标签就是他头上的光环。这道耀眼的光环将他由头至尾笼罩起来，让其他人不由幻想他光环背后的其他美德。

一位充满魅力的职业女性迈进了会议室，她身穿干净利落的套装，拿着小巧优雅的手包，脚上穿着一双光亮的鞋子，头发也打理得纹丝不乱。她的外表令注意到她的人都猜测这位职业女性一定很有组织能力，并且善于表达。她又是这样出众，人们猜想她还有着其他好的个性，认为她受人欢迎、和善并且聪慧。

我们也可以借助这种光环来突出自己的优势。一定要时时准备好展现自己的卖点，认识自己最美的品性，同时不露痕迹地在他人面前表现自己的才能，主动为他人做奉献，这样才能令你的光环明亮又闪耀，让自己显得平易近人，并始终表现出最好的状态。良好的外表也是一道光环，告诉周围的人们你很能干也很友善。最后一点，也是最重要的一点，不要对他人、政局或环境横加指责，只有向外传达出积极的态度时，你散发出的光环才是最灿烂的。

成为权威人士

从小时候开始，我们每一个人都会遵从权威的意见。妈妈说“去把床铺整理好”，你就乖乖地去铺床。老师说“完成这个测验”，于是你就去答卷。医生说“你要做个手术”，你便接受了手术。牙医说“那颗智齿一定要拔掉”，于是智齿就成为了历史。权威已经超越了权力，比权力更令人信服。

案例直击

医生的错误处方

我曾听过一个很不可思议但又千真万确的案例。有位病人患了耳疾，于是去看医生，医生给病人诊断后开了处方，在病历上写道：

"滴于右耳。"（医生的处方总是写得那么潦草！）结果那张处方怎么看都像是"滴于臀部"。

护士接到处方单，便对病人说："请你把裤子脱下来，脸朝下躺好。"病人对这个要求有些莫名其妙，不知道护士为什么要他露出臀部，但耳朵疼得厉害，于是还是照办了。护士就这样把原本要用在右耳的药剂滴进了病人的直肠！这一切是不是很荒唐？可真真切切发生了。这个案例已经作为医疗事故被美国天普大学的两位药理学教授写进了著作。在这个案例中，护士没有质疑自己看到的医生处方上的指示，病人也没有提出疑问。

人们的职位可以体现权威性。名字后面跟着的头衔越长，给人的感觉就越好。我们的衣着打扮同样也能体现出权威感。权威感的关键就在于一身制服。我们选择穿什么衣服，决定了向外界传达什么程度的权威。所以，即使你的名字后面没有跟上一大串头衔，你也可以利用穿衣打扮、肢体语言和自信气场来提高自己的权威性。

我们通过头衔和衣着打扮显露自身的权威。

限量版

时装精品店的女老板洋洋得意地说起某个款式的衣服每个尺寸只有一件，艺术品店要在停业前沽清货品。当人们觉得有什么东西可能今后再也买不到了，就会产生立刻把它买下来的想法。

这就是供求关系的作用。如果你能让某样东西变得稀有，需求量就会大大增加。想想看，为什么人们乐于花大价钱去买古董车？因为这些古旧车型再也不会生产了。一货架琳琅满目的饼干与仅剩的一两盒饼干比起来，哪个更能引起人们的购买欲？你是否留意过那些绝版书有多贵？我就发现绝版书的售价有最初成本的10倍之多。这是为什么呢？答案就在于每一本书都是市面上罕有的。

案例直击

110美元的毛绒玩具

几年前，孩之宝公司开发出了一种仿真毛绒玩具。这种毛绒玩具很难买到，一到商店就被各地的孩子和他们的父母抢购而空。有一年圣诞节，我的女儿向圣诞老人许愿想要得到这种毛绒玩具。为了不让女儿失望，我使出浑身解数上易趣网参加竞拍。那时候我看中的那款玩具售价是25美元，网上的起拍价是20美元。我沉住气耐心等候，直到最后一分钟才下手拍下一个最有可能成功的价格。90秒过去了……我点击“刷新”按钮查看。70秒过去了……再“刷新”一次看看。又过了40秒，刷新显示我成功了。我的出价成为了当前最高竞拍价。想到刚刚竞拍成功，我不禁微笑起来，一边又点击了一次“刷新”键。“您已经不再是出价最高的买主了”，电脑上赫然出现了这么一行字。什么？我不服气又出了一次价。30秒过后……刷新。“您是目前出价最高的买主”。我舒了一口气。再刷新一次。“您已经不再是出价最高的买主了”。什么？我只得在最后6秒时再竞拍一次，至于我出了多少钱，我都有些不好意思在这里提：我最终花了110美元“赢得”了原价25美元的玩具，是原价的四倍多。

我真的有些癫狂了，好像这个星球上只有这一个毛绒玩具似的。当然，看到女儿脸上惊喜的表情，我觉得这么昂贵的玩具还是值得，可惜女儿仅仅玩了两天就没再碰这个毛绒玩具了。

那天我从自己的经历上学到了重要的一课。实际上，每当圣诞节来临的时候，商店都会重新进货，聪明的家长只需花25美元就能从店里买到想要的礼物。但是我的竞拍故事还是能让许多人感同身受，联想过去几年里自己的购买经历，不管是芝麻街的挠痒人物埃尔默，还是星球大战版乐高玩具，我学到的教训就是：当你想要抬高某种价值时，一定要不断地控制供给。

这个道理对个人也同样适用。不要总是有求必应，这样你的认知价值才能抬高，同时别忘了再给自己添上几分神秘感。为什么你总是那么忙碌？你一定是交友广泛，十分受人欢迎吧。如果别人感觉你不再像以前那样有空，不再随叫随到，他们反而会更想见到你。我认识一位女士，她会穿过大型购物中心去美食广场闲坐上一整天，只是为了让人觉得比起别人坐在家里无所事事，她有更好的事情要做。你知道结果怎么样？她的做法居然奏效了。每次讲到这位女士，人们都觉得她的社交很活跃。其实，我知道她顶多也就去两三个地方，不是在内森咖啡馆就是在邻镇的麦当劳发呆。在工作上，你也应该对自己的可用度做个限制。限定好自己的可用度等于无声地告诉周围人：我已经承担了很多事情。

多做事不见得就是好。当你限定了自己的工作可用度，其实也限定了可供顾客选择的方案。要知道当人们有太多选择的时候，往往很难说服他们同意或考虑其中的某一种。人们只想快点结束讨论，把自己从眼前这堆烦人的方案里解脱出来，并没有多少点头拍板的意愿。

哥伦比亚大学的希娜·连格与斯坦福大学的马克·莱珀通过各种试验来观察人们面对大量好东西时的反应。其中有个试验显示，当选择面从 24 种减少到 6 种时，人们购买风味果酱和精致巧克力的概率会增加。购物者在高档的商场里浏览 24 种商品时，只有 3% 的人有购买行为；当把商品种类减少到 6 种，就有 30% 的人选购了商品。这个试验里的唯一变量就是商品种类数量，购买者表示面对有限的选择时，他们对购置物品的满意度更高。

诱 饵

如果你的客户正在外套和毛衣之间犹豫不决，她迟迟作不了决定，最后很可能两样都没买，这时候你可以用一个诱饵来帮助她决定自己到底需要什么。

另一项研究证明，如果消费者面前还有第三种不那么有吸引力的方案，决策就变得容易多了。明尼苏达大学的市场营销教授阿克肖·饶就做过类似的研究。假设情景依旧，只要再找来一件不那么合消费者意的毛衣，把它们放在一起，消费者就会倾向于买下那件更喜欢的毛衣，她的难题也就迎刃而解。那件不怎么合意的毛衣就是一个诱因，它把另一件毛衣衬托得比原先更加美好。“从某种程度来说，这是很容易理解的，”阿克肖教授解释说，“当消费者在面对选择时，在相对不引人注意的选项的衬托下，与它有共性但更优秀的选项能够得到更多的青睐。”

事实上，研究志愿者在作选择时，大脑扫描仪忠实记录下了他们的决策过程。正如阿克肖教授和他的合作者威廉解释的那样，额外添上一个“还可以”的选项以后，相对较好的选项受到志愿者更多偏爱。功能性磁共振成像扫描仪显示，当人们在两个不相上下的选项间拿捏不定的时候，志愿者开始对选择过程感到烦躁。这时候如果有个次要选项，选择起来就变得容易了，挑选的过程也变得更有乐趣。阿克肖教授指出：“人类大脑中负责控制负面情绪的区域是扁桃腺，当买家们面对三个选项的时候，杏仁体的活化程度降低了。”

这项研究能够带来不少应用价值。在日常生活中，人们会在各种各样的场合遇到无关紧要的选项，比如基于网络的旅游度假路线、电视节目资费、手机收费套餐和报纸的订阅。在这些业务里都夹杂了一些不相干的选项，用这个策略应该就能降低消费者选择时的负面情绪。

提高期望值

假设你正在餐馆享用一顿昂贵的晚餐，还点了加利福尼亚的赤霞珠葡萄酒，美酒佳肴都十分合你的口味。这时，邻桌的客人们正喝着来自北达科他州的葡萄酒，他们看起来却不怎么满意。相比之下，你的用餐体验就超过了他们一大截。其实你们品尝的是同一种红酒，只是你的期望值让杯中的美酒喝起来更香醇。

这一幕就发生在康奈尔大学的研究中。康奈尔大学的研究人员试着观察更换红酒瓶上的标贴后，就餐者的看法会不会随之改变，结果显示果然如此。

> 在伊利诺伊州一家餐厅里，有21位客人点了24美元一份的法式套餐，餐厅奉送一杯免费的赤霞珠葡萄酒。一部分酒瓶上贴着加利福尼亚的诺亚酒业，另一部分则贴着北达科他州的诺亚酒业。实

际上，两组客人喝的都是查尔斯肖牌的便宜葡萄酒，每瓶零售价只要 1.99 美元，人称“两美元酒”。

同样是喝“两美元酒”，被问及口感时，那些以为杯中是加利福尼亚红酒的客人给出的评价要比另一组以为是北达科他州葡萄酒的客人更高。前者觉得餐厅的食物更好吃，而且比另一组客人多吃掉 11% 的食物，并且表示会再次光顾这家餐厅的人也更多。

你心中期望得到什么，就会收到什么样的效果。如果期待杯中的美酒能有著名的纳帕谷葡萄酒风味，喝到口中时是不会让你失望的，可你要是觉得那瓶红酒不会好喝，品尝起来也就不过尔尔。

小到名牌鞋子，大到豪华轿车，当我们得知自己将得到最好品质的东西时，对那样东西的期待值就会一路飙升。

先推出高价品

我曾经亲眼目睹过一个戏剧性的变化。当时我正陪一位朋友逛街，她想要给她丈夫选购一套西装。我们遇到了一位非常有经验的销售员，把朋友看中的某个款式的实用性大大夸赞了一番，以至于朋友不假思索地说：“这套我买了。”话一出口，我们俩都震惊了，因为这套西装价格不菲，是朋友原先预算的两倍。

销售员继续乘胜追击！当我朋友递过信用卡付账时，销售员说道：“您丈夫一定还需要一条相配的领带。这款领带原价 85 美元，不过对于购买西装的顾客，我们按 65 美元的价格出售。”

我朋友刚才已经超支了一大笔，可她又再买了一条领带。西装那么贵都已经买了，区区 65 美元还算得了什么呢？面对已经支付的高昂价格，人们有些麻木了，不再去理会小数额的消费其实也比平时花得多的这个事实。这就好比人们站在大块头身边好让自己看起来苗条些，较低的标价在天文数字面前也变得微不足道了。

买过汽车的人都有一个体会，那就是很容易就会同意为爱车添置座位和反光镜加热装置、升级轮胎和顶级音响，而这一切仅售两千美元。请注意这个“仅”字，正因为车主已经在汽车上花费了5万美元，所以才“仅”需要两千美元就能配齐其他物品。

当我们购买了价格昂贵的手提电脑、无绳电话或相机以后，售货员会捎带着问一句：“您需要备用电池吗？”先不提这些备用电池的价格，在买完电器后售货员提这个问题就不会让顾客觉得突兀。

哪怕是去快餐店吃芝士汉堡和炸薯条，服务生也会问：“您需要大份薯条吗，只要再添18美分就够了。”这笔额外的费用跟餐费比起来毫不起眼，食客们往往都会同意的。

把两个极端作比较

当你拿事物的两个极端作比较时，谈话对象就会同意取一个折中方案，其实让他采纳折中方案才是你真正的目的。下面我就来举一个例子。

我和丈夫打算购买第一处房产的时候，我们向地产中介列明了想要的各种条件。我们理想中的房子，既要有大小合适的房间，还要有一个泳池、中央空调、壁炉和大庭院。彼得是带我们四处看房子的地产中介。第一处房子要比我们的预算高出将近25 000美元，彼得明知我们负担不起，但还是领着我们去看了。真是见鬼，那栋房子超级华丽，我们却无法拥有，要是业主能降个几千元就好了。

紧接着彼得带我们去看了第二处房子，售价是我们承担得起的。这栋房子后门紧挨大街，我们走到屋前就已经听到街上车水马龙的声音。走进去一看，情况更差：脏衣服胡乱丢在地上，泳池看起来像是几百年都没用过，房间只有步入式衣帽间那么大，我们想要的壁炉连个影子都没见着。

“你在开玩笑吧？”我问彼得，“你手上只有这样的房源了吗？”

“倒是还有一处房子”，彼得说，“我自己还没去看过。估计是昨天刚刚挂牌出售的，我敢肯定那栋房子的售价符合你们的预算。我们现在就出发去那里”。就这样，我们来到了一片修剪得非常精巧的草坪前，草坪右边种着两棵杉树。这里的院子方方正正，院子后面再没有别的岔路，露天泳池在阳光下闪闪发光，水面上还漂了几个小浮球。房间打扫得一尘不染，在屋后的一棵树上，我们还发现了手刻的一颗心和一行小字："鲍伯爱苏苏。"

"看看这个。"我们的地产经纪叹道。

房主满怀爱意地抚摸着这行字，告诉我们这里是他们夫妇的第一个家，在这里他们带大了几个孩子，如今就要搬去弗吉尼亚州与孩子们住在一起。你能想到接下来发生了什么吗？当天我们毫不犹豫买下了这栋房子。

后来我才知道，一开始看的两栋房子并不是彼得手头的房源，即使卖出去他也拿不到多少佣金，而我们买下的那栋房子才是他唯一的房源，他能从中挣不少钱。另外，我还得知这栋房子其实已在房产销售市场上挂牌 7 个多月了。如此看来，彼得是个很有创意的推销员，我和丈夫就着了他的道，还没多方打听就成交了。好在我们还是很喜欢这处房子，于是等我们原谅了彼得的做法后很快就搬了进去。

彼得用了什么招数呢？他用到了比较法。他先带我们看经济上承受不了的豪宅，再带我们去看预算之内的邋遢房子，然后才推出价格上与邋遢房子相差无几的"我们的房子"。**在任何需要作决策的时候，最有效的方法就是同时提供一个好方案、一个坏方案和一个无法实现的完美方案作比较。**

把你的主张用疑问语气说出来

"所以，今晚你会陪我久一点，帮我把报告写完，对吗？"这个问句包含了十分有效的语言技巧，适用于征求他人同意的时候，你只需要在句末加上一个问号。用"因为"这个词也有类似作用，原因就在于我们甚至不知道为什么要回应这句话。

在一项研究中，研究人员改变了提醒电话的内容，把它改成以问句结尾，想确定这个变化能不能促进人们参加志愿献血活动。拨打电话的人是这么说的："那么我们就恭候您的光临，好吗？"然后停顿一下等待对方的回答。结果，献血者的到场率从 62% 增加到了 81%。一个简单的口头确认就把到场率提高了近 20%。

让别人觉得这是他们的主张

人们都喜欢由自己想到的好点子。还记得电影《我的巨型希腊婚礼》(*My Big Fat Greek Wedding*)吗？剧中的母亲和姨妈让图拉的父亲相信，图拉在姨妈的旅行社工作都是他的主意。在别人作选择之前，如果你暗中影响他，令他相信某个观点出自他自己，那么你就能帮助他作出决定了。如果人们觉得某个观点是自己的，或是受自己启发才想出来的，他很容易就会把这个观点接受下来。毕竟，如果这是他想出来的办法，那就一定错不了，这一点极大提高了你说服他的几率。

避免消费者后悔

还记得欧莱雅美发产品的广告吗？“欧莱雅，你值得拥有。”这个小招数主动点出自己所谓的缺点，这样一旦消费者发现伊卡璐的洗发水更便宜，他们也不会觉得后悔。当然，这个广告语也暗示了欧莱雅产品更加高端。

你正想买辆车，也差不多打定主意了。这时推销员对你说：“有一点我需要事先告诉你，这款白色车很容易落灰，你每个星期都得洗一次车。”

他并不是想打消你买车的念头，而是站在自身利益的对立面辩驳一下，这样一来他就显得更加诚实可信。而且当你的新车第一次弄脏以后，你也不至于太后悔，毕竟推销员早就给过你忠告了。

这个技巧在法庭上同样有效。当律师在对手有机会攻击前主动指出自己案子里的弱点，陪审团成员会觉得他值得信赖，他的诚信也会博得陪审团的欣赏。**我们每个人都可以通过坦诚缺点来赢得信任。**袒露一下小缺点，人们就会认为你再没有别的大问题。

让人们接触物品

触摸到底有什么力量，能够让我们感到深深被吸引？我们之前已经讨论过，触摸是生活中必不可少的部分。如果我们不接触任何人和事，也不被任何人碰触，我们就会毫无生气地死去。对购买行为来说，有一个类似的理论也同样重要。如果你想要省钱，那么逛街的时候不管是从意识上还是行动上，你都要牢牢管住自己的手。因为如果我们摸过什么商品，就会对这件商品更加眷顾，这就是问题所在。《消费者研究月报》（*Journal of Consumer Research*）验证过这一点：当消费者触摸商品之后，想要拥有的感觉变得更强了。一旦产生这样的感觉，人们就会忍不住打破小猪存钱罐把钱花光，想要省钱的念头也就飞到九霄云外了。

假使某种接触还带有很强的煽动力，比如亲自试戴一条精美的手链，或是看那枚新戒指在手指间闪耀，人们很有可能愿意为拥有这件饰品花更多的钱。这告诉了我们，为什么商店经常举办免费试用活动。商家们懂得，一旦顾客把商品拿在手中，最后多半会想拥有它们。商店里的试衣间不仅是为了让顾客买到合身的小黑裙和紧身牛仔裤，更是为了让人们有机会体验织物滑过皮肤的美好感觉。

案例直击

床垫商的居家试用服务

我是一个失眠症患者，睡不着的时候偶尔会看看电视广告。有天晚上，电视里正在播放一款助眠床垫。整整半个小时，几位代言人不断向我这位饱受失眠困扰的人灌输这款床垫有多么舒适。不仅如此，他们还提供 90 天的居家试用服务，这使我深深地对这款床垫着魔。电视广告一结束，我就抓起电话去订购。

谢天谢地，就在我发疯似的拨号的时候，我丈夫醒来了。他不得不把话筒从我手里拿走，挂回电话机上。90 天的居家试用服务比“购物前试用一下”更有心理说服力。广告代言人的花言巧语差一点就要成功了，我不住地想象这款床垫能够给我带来多么舒适的睡眠。床垫一旦送上家门，很可能就被我们留了下来，我们很少会把接触使用过的商品再退回去。

伊利诺伊州检察厅曾经告诫大家：在旅游度假的时候，如果商家鼓励游客把商品拿在手里，让游客想象自己是商品的主人，最好对此保持警惕。曾有两位作者撰文写过这一告诫背后的原因，他们都认为检察厅的告诫不是空穴来风。他们发现，只要抚摸一下商品，人们就会产生更强烈地想要拥有的念头。有了这个念头，消费者就会乐意为自己抚摸过的商品付出更高的代价。当人们不能直接抚摸到商品（比如网络购物时），只要想象一下自己拥有这件商品的满足感，消费者的购物欲也会增强，从而肯为它花更多的钱。

请经常使用		
熟练	发现	幸福
收益	不要	健康
舒适	容易	高超表现
威严	兴奋	投资
赠品	乐趣	欢乐
值得	保证	爱
豪华	证实	令人激动
钞票	煽动	胜利
马上	结果	信任
天堂	节省	价值
取悦	慰藉	充满生机
利润	刺激	
自豪	谢谢你	

请避免使用		
无聊	不可能	悲伤
不能	有限	腻烦
压抑	孤独	愚蠢
困难	失去	阵怒
授权	疯狂	试试
肥胖	限制	不会
讨厌	荒谬	

内疚感是巨大的激发因素

我们都会本能地指责别人。你可以问问，母亲为了琐事而责备孩子的时候能产生多大的影响？我的母亲就很擅长此道，我的外婆也很擅长，我猜这可能是我们整个家族的遗传。这种指责是什么样的呢？它们控制了你的思绪，给你带来负面情绪。

当一个人在遇到问题时不运用理性思考而是意气用事，就很可能招来麻烦。情绪具有很强的操控力，当人们意识到自己没法理智地压倒对方时，就会迅速转向情感手段，因为他们知道自己在操纵情绪方面还是有几把刷子的。人们往往会屈从于恐惧和威胁，或是屈从于自己想要被爱、被需要和被关怀的情感。

我们作出的每一个选择几乎都有着情感基础。人们从感受出发，然后才通过理性的行为把它表达出来。要想影响别人，你就要激发他的情感。如有可能，在唤起其他人情感波动的时候，自己却要始终保持镇静。

“妈妈，我快要出门了，我走之前要帮你做点什么吗？”女儿问我。

“不用了，”我叹了口气，“我没事，你去忙你的吧。”

我的这句话让女儿感到要做点什么来减轻我的负担。我有一种战栗的感觉，原来我根本不需要使唤她就能产生同样的结果。

我们在办公室里也会发现类似的事。比如，副总裁对大家说：“今天我们一起去餐厅吃午饭，等会大家在餐厅门口集合。”

这时我回答道：“不好意思，我去不了了。我手头还有很多事情来不及做完。”

副总裁心里想：“她不能一起去。要是我找个人帮她一下，她就能早点完成工作了。”我并没有寻求帮助，我只是在解释自己走不开的原因，但我的话使其他人觉得有必要帮我分担一些工作。

勇于转身离开

仔细观察别人并判断他是否真诚，做到这点可以让你掌握局势。制胜的法宝就是让自己换位思考。以我自己最近买汽车为例，尽管我很需要添置一辆车，但我知道有很多 4S 店可以供我慢慢选购。换句话说，我有很多选择，并不是非要在哪一家购买。如果价格不理想，我随时可以转身离开。

汽车销售员兴致高昂地向我介绍产品，随后给了我一个“没法再降低”的报价。我立刻就知道自己对这个销售员没有好感，我觉得有点不开心，毕竟在这里浪费了很多时间，于是我对他说：“好吧，还是谢谢你。我再考虑考虑。”我在这家车行的商谈到此为止。我没有表现出任何感兴趣的样子，反倒是这位销售员追了上来。

“请等一下，今天我们全天都有优惠活动，我可以为您向经理争取一下，看看能不能再降低一点价格。”看，奏效了吧。“您留个联系电话好吗，迟些时候我会给您去电。您在别的汽车经销商那里拿不到我们这样的优惠，今天已经是我们最后一天促销了。”

在这个过程中，销售员的初始报价并非真心实意，于是我转身就走。转身离去，是人们不感兴趣时的常规表现。求购心切的顾客或容易焦虑的人要尽量摆出不为所动的样子。这样的效果是，下次谈判时你既可以与人谈价钱，也可以随时作势离开，有必要的话迈出商店大门都可以。

Q&A

读者：我知道广告有惊人的效果，可是当我买咖啡时，它真的能在不知不觉间影响我的选择吗？

托尼娅：让我给你一个快速又直截了当的回答吧：是的！我们经常会受到各种品牌的影响，但这些影响都是潜意识层面的，我们无时无刻不处在广告轰炸之下。假设你在一个炎热的夏季午后，在大街上看到一辆公交车驶过，车身上有一幅斐济矿泉水的宣传画。买矿泉水时，你会发现那瓶斐济矿泉水真的很吸引人。你清楚自己为什么觉得它吸引人吗？不可能。你有回想起刚刚开过的那辆公交车吗？那也不可能。但是你的思维中已经有一条捷径，让你在购买时有所选择，咖啡也是一样的道理。幸运的是，并不是只有广告才能在潜意识里打动顾客，我们每个人都可以做得到！

为了美而失去

《实验社会心理学》(*Journal of Experimental Social Psycology*)杂志上刊载过一项针对脑部功能的研究，研究测试了 40 位异性恋学生志愿者的脑部功能。这项研究是一位科学家提议的，原因是他对一位美丽的女士一见倾心，当女士问他家住哪里，他竟然连自己的住址都记不起来，那一刻他心神失常。

首先对这些志愿者进行一项常规记忆力测试，他们先要看一组字母，然后在短时间内说出这组字母跟上一组是否相同。接着他们分别与男性或迷人的女性进行几分钟的交谈，交谈结束后再接受一次记忆力测试。研究发现，就算与迷人的女性只有几分钟的交谈，志愿者的思维速度和准确度都会降低，女性越是迷人，他们的记忆力就表现得越糟。

研究人员又请女学生进行同样的测验，这次她们的交谈对象换成了英俊的男士。测试结果表明女性并未受到影响。心理学家对这个现象作了推论，在人类进化过程中男性首先把女性视做追求的伴侣，他们会暂时全身心地吸引异性的注意，以至于不能集中心神去完成其他任务。

YES

第6节 让人折服于你的个人魅力

语言可以摄人心魄。(F. 斯考特·菲茨杰拉德)

个人魅力就是打动别人的特质。有些人生来就有这种能力，而有些人则是后天努力的结果。**人们会最先注意到充满魅力的你，然后为你折服，进而深深信赖你。**只要按照21天特训一步步练习，你就能成为一个充满个人魅力的人。我们的目标是通过运用本书介绍的方式方法，在自己与交谈对象之间架起一座沟通的桥梁，而且这些方法很快就会成为你的第二天性。

不满情绪 × 变革愿景 × 初步实践＞变革阻力

这条公式被视做企业组织变革的模型。要变革就必须满足这三个要素：对当前形势状况的不满、对未来愿景的期望、为愿景而努力的第一步。如果这三个要素的作用比阻力更大，变革就应运而生。

同理，改变自己也可以遵循这条公式。首先，你必须对自己的现状有更高的要求；然后展望将来，想清楚自己到底想过什么样的生活；最后，你需要朝着这个愿景实实在在迈出第一步，再一步接一步，完成21天特训，并把这些内容融入到以后的生活中去。这样坚持下来，只要这几个要素的作用高于来自自身或外部的阻挠，你就会有全新的改变。我要教你的并不是什么速效法则，但却可以让你终身受益。

行动之前请先确定最终目标

学习有四个阶段，这一观念早在 20 世纪 70 年代就已经形成，并在戈登国际培训公司的诺埃尔·布奇手中发扬光大。每当我开始订立新目标，想到学习所必经的四个阶段，我都会觉得这很有帮助。学习新知识是朝着目标前进不可或缺的部分，明白了这一点我就能保持全神贯注的学习状态。

第一阶段，**不知道自己不知道**。个体既不知道要做某事，也不知道怎样去做某事。他没有意识到自己的缺陷，因此也没有探求的欲望。

第二阶段，**知道自己不知道**。个体意识到了自身的缺陷，只是还没有设法解决，也不知道该怎样克服。

第三阶段，**知道自己知道**。个体通过积极参与学习，开始知道或懂得该如何去做某事，但要展示技能或知识仍需要大量的认知和高度集中的注意力。

最后阶段，**不知道自己知道**。在这个阶段，经过大量练习，知识已经成为他自身的一部分，即使不专心致志也可以运用自如。以不同的习得方式和习得时间为基础，个体还可以把知识传授给其他人。

旧话重提一句，挖掘出最好的自己，并与自己对话，这也是成长的一部分。你正在成长的道路上一步步前行，直到有一天，本书的技巧将成为你的第二天性。回想一下第一次使用电脑的情形吧。当时你年纪尚小，还是已经上了年纪？键盘上的手指是不是不知该往哪里放？但是最终你形成了相关神经通路，学会了这项新本领。一路走来，你也达到了“不知道自己知道”的境界。握住鼠标的手不再笨拙，你甚至不需要寻找“shift”键的位置，因为你早已了然于心。

但是，我认为还有一件很重要的事情需要指出。我把它称做目标导向型方案（goal-focused planning GFP）。有些人看完一本指导书或是上完课就冲回家实践新学到的技巧，可是他们实践只是因为他们刚巧学了这个。没有目标导向型方案，人们也可以与他人成功交流，可交流的结果是你真切需要的吗？在某个方面得到肯定，能不能带领你前往真正想抵达的地方？或者你所作的只是走过场应付一下，比如谋得一份自己并不喜欢的工作或开始一段不需要的感情？在行动之前，你应该首先确定自己的最终目标。你想通过说服交谈对象得到什么成果？这个成果对你后面的计划有什么帮助？先确定最终目标，然后再一步步朝着目标完善。

评估三步骤

评估是一种与其他人保持融洽关系的方法，分三个步骤进行。在此之前，你先得确定自己的目标导向型方案。第一步是对你交流对象的心理认定，这相当于设定一种情感基准。例如，我在前面提到那位倨傲又专断的家具销售员，我的交谈对象会喜欢这样的人吗？第二步是框架评估。谈话框架总是处在不断变化中。在某一分钟，这个人在当前这段互动关系中采取的是什么框架？还是以家具销售员为例，表面上他很关照女客户，但实际什么帮助都没有给（直到她将计就计才得到补偿）。第三步是提出方法，根据你对交谈对象的了解，观察他的思维架构之后，你开始思考应对的方法，推断出在他面前扮演什么角色能够达到目的。

练习越勤快，你的技巧就越娴熟，哪怕你对自己的判断不够确定，也不会影响对技巧的运用。

学会聆听

有太多的对话都充斥着“我”字句。人们总是认为自己要比别人强。其实，**我们生来就是两只耳朵一张嘴，目的是为了让我们多聆听，少自夸。**

每个人都乐于见到自己在别人眼中充满魅力。大多数人都有些自恋，喜欢沉浸在自己的世界里，喜欢成为众人注目的焦点。有鉴于此，要想以最快的速度深入一个人的内心世界，就要对那个人表露好奇和兴趣。与其花上几个小时滔滔不绝地向他人夸耀自己，却引不起他人半点兴趣，还不如让交谈对象知道你对他的兴趣。如此这般，你们的交流才会热烈地进行。

如果因为有你在场，别人能感到如沐春风，那么大多数人都会跟你建立起愉快融洽的关系。所以时刻向周围人散发出你的快乐和自信非常重要，当你这么做时，周围的人也会受到你的感召，魅力是有感染力的。

适度的自控力

适度的自控能力是个人魅力的一个组成部分。如果你得到一大笔奖金，你会存入储蓄账户，还是登上豪华游轮挥霍？面对甜点的诱惑，如果吃下去就要加大健身强度，那么你会忍住不吃吗？如果你不图眼前的享受，能控制自己的欲望，就有可能在生活的方方面面获得更大的成功。

早在 20 世纪 60 年代，沃尔特·米歇尔教授对斯坦福大学幼儿园的孩子们进行了一项有关延迟奖励的实验。实验者告诉孩子们，当米歇尔教授离开教室时，他们摇摇铃铛就能得到一块棉花糖；但如果他们坚持 15 分钟左右，等米歇尔教授回到教室，就可以得到两块棉花糖。

从 1981 年开始，米歇尔教授一边分析实验数据，一边继续做实验，直到当年的孩子们长大成人。他发现那些“低延迟度者”（很快摇铃或是教授还没回教室就把棉花糖吃掉的孩子）似乎有更多行为问题。他们在能力倾向测验中得分较低，平均要比那些坚持等待的孩子低 210 分。他们觉得很难维持友情，容易焦虑不安、优柔寡断，也缺乏自信。这种自控力的缺失伴随了他们的一生，很少带来高质量的婚姻和更加成功的事业。那些坚持等待、经住棉花糖诱惑的孩子在成年后往往有着更加健康的友情。他们更加积极，也更成功。他们的薪水更多，也有很好的上进心。不管你是不是喜欢棉花糖，在生活中我们一定要学会自我控制。

争取主动

不能真正理解并尊重自己，你就无法像别人看你那样有效地看待自己。请记住：躲在保护伞下只会害了你自己，它会阻碍你的成长。你现在置身的环境，与人交流的惯用方式都可以说是你的保护伞。要想改变你的人生，改变与人相处的方式，就要大胆走出去。

争取主动是第一要务。如果你不主动从保护伞下出来，你就永远不会长大。你可以用下面这些小方法来帮助自己：

人要站直，这很管用。

试着把自己看成是一个优秀的人。哪怕你心情不好，也请发自内心的微笑，想让自己变得更加出色必须做到这点。记住要展现你最好的一面。

把自己所有的优点检视一遍。成功人士和受欢迎的人并不会死死盯住自己的失误不放。犯错以后，他们认识到了这个错误（可能会自责一会儿），紧接着他们便会继续前行。他们明白就算犯错，也是成长的机会。

请记住一定要让自己不断前进。从现有经验的庇护下走出来才能成熟。

对有的人来说，要从庇护中走出来就像克服胆怯和害羞一样容易。如果你就是这样的人，不妨直接走上前去和陌生人交流。在工作中也别再沉默不语，丢掉之前庇护着你的乙等角色。你应该形成自己的观点，在团队面前用语言和手势把你的看法说出来。这样你就为今后领导他人作好了准备。

你明白这其中的道理吗？**想要得到每个人的认可，第一步就是自己接受自己。**

案例直击

勇敢接受评论，寻找自己

2008年8月，我参加了福克斯新闻台的《美国新闻演播室》(*America's Newsroom*) 节目。主持人亨默让我评论一下希拉里·克林顿的举止，录影片段中的希拉里正在竞选途中的飞机上喝啤酒。

亨默问这个镜头展现的是不是“真实的希拉里”，这是不是“一个不够慎重的瞬间”。

我觉得这个姿势没什么，有时候啤酒就是啤酒，拿啤酒的姿势也就是个姿势而已。我尽我所能解释这是一个无关紧要的动作。“唯一让我觉得有点奇怪的是，她用左手持杯，可她明明是一个惯用右手的人。”我补充说，“试想一下，如果你要小酌几杯，除非是有什么原因，不然用平时不习惯的手拿杯子会很不方便的。”

“那你认为会是什么原因？”亨默追问。

“任何原因都有可能，”我说，“也许她只是正好用那只手拿起杯子，也许她想给人留下轻松自在的印象。”

很显然，总会有人觉得我这样的泛泛之谈很刺耳，还认为我是在拿希拉里找碴。几天以后，另外一个节目的制作人给我打来电话。

“恭喜你”，她说，“昨天我在电视上看到你了。你办到了！”

“我办到什么了？”我问，“我昨天没上电视啊。”

“我的天啊，你还不知道发生了什么事？”

“发生什么事了？”

“你都上了 MSNBC 频道的节目了。”

“我没有啊”，我坚持道，“你一定认错人了吧。”

“托尼娅”，制作人正色说道，“欧柏曼在昨晚的节目里说你是世界上最差劲的人之一。”

我对欧柏曼那档节目的风格很熟悉，所以我的第一反应就是：“我的孩子们会怎么想？他们的母亲刚刚被点名为全球最差劲的人之一。”我感到胃沉了下来，差点把车开到马路边上去。

我不得不静下心来跟自己对话。在这种情况下，好坏两方面都要照单全收。那个评价很严厉，不过我与自己的内心达成了共识，既然我常常在节目上评论他人，那么就不能因为我不喜欢被别人评头论足而畏缩。

回望这段经历，我不由得想起“有得必有失”这句话。即便我为吹毛求疵的评论感到尴尬，担心孩子们的感受，在事件面前战战兢兢，我依然觉得自己收获颇多。是的，就算我是“全世界最大的坏蛋”又怎样，我会把这个评价当做生活的馈赠，而不是慌慌张张地逃开。以前我常常让别人被动地处于被评论的位置，这次我自己也有了这样的体验。反而这件事对我很有启发，它让我变得更加坚强，在寻找最完美自我的这条路上，我会比以往更加坚定地走下去。

提升魅力指数的小秘诀

1. 学习并记住那些分量适中，一口便能消化掉的信息量。用关键字词让自己回想起整个故事。

2. 在通往成功的道路上我们都会遇到绊脚石，把失败看做是宝贵的经验。

3. 首先要对自己的行为负责。不管是站在专业角度还是私人角度，指责别人的错误都是次要的。

4. 想象积极的事情。在脑海中畅想自己求职成功、求爱成功、跑完马拉松的画面，牢牢把握每一天。

5. 感谢自己头脑中的触发记忆，并学会利用它们。

6. 深刻了解安于现状对自己是没有好处的，要勇于创新。

7. 不要依赖家人来给你力量。不然,你可能只会听到家人说：“我不是早就提醒过你了吗。”

8. 与令你开心的人们为伴，离开那些让你情绪低落的人。

9. 对于消极的事情就安慰自己“这没什么”，因为这确实不是什么大事，除非你把事情看得太重。

10. 做事要有始有终。

行动、行动还是行动

当人们向我咨询语言和非语言技巧时，常常会问我这个问题：“托尼娅，这么多内容我怎么记得住呢？”我的回答是制订行动计划，接下来我就为你准备了这样一个计划。要知道交流技巧并不会在一夜之间掌握，也不是一两个星期就能速成。如果你只是要参加一次求职面试，我确实可以在一周内让你有突飞猛进的改观，可是你自己尚不能形成全新的神经通路来应对，下一次面试就无法奏效了，临时抱佛脚的作用只能是暂时的。

就如你计划戒烟，坚持三个星期后养成新的习惯，那时才算得上是不吸烟的人。坚持到第五周、第六周时，你开始抓耳挠腮，想要吸烟的欲望让你烦躁不已。要戒除任何上瘾的东西都有这个过程，因为旧的神经通路依然存在，你的目标就是要强化新养成的神经通路。

心理肌肉只有多加练习才会更加强健。接下来，你就要开展一些练习。

机遇只会垂青有决心的人们。有时候我们需要一点帮助，那没什么。重要的是你要牢牢把握转瞬即逝的机会。实行下面这个 21 天行动计划吧，为成功打好基础，不要让机会白白溜走。

附　录

21 天重塑自我特训营

现在开始，用 21 天塑造一个能打动人心的全新自我。这个行动方案能够改进你的语言和非语言交流技巧。按照行动方案的每一步指引、不要超时，也不要减少练习天数。这样你就会形成新的习惯。这个行动方案是一步步累加的，后一天都在前一天的基础上进行。每天早上醒来时你需要完成当天的任务，尽管每天的任务不尽相同，但是最终目标都是为了巩固之前习得的技巧，确保它们可以作为长期的习惯保留下来。就算你什么都不做，21 天的时光也照样流逝、参考这个行动方案会让你更接近自己的目标（不管是升职、约会、加薪，还是扩展客户）。

当然，看完这本书你大可以往书架上一塞了事，不过我希望你不要这么做。你已经明白成功虽然不能一蹴而就，但也却非遥不可及。请你运用本书和这个行动方案真正改变自己的人生，也许会成为第一次由你主宰的改变。

刚翻开这本书时你也许很好奇，想看看这个行动方案，但我奉劝你先不要看。这些行为练习只有在你读完整本书、充分了解语言和非语言技巧的作用后才有意义。仅仅参照行动方案来练习是不够的，这本书和这个行动方案要结合起来运用。你已经看完这本书了吗？那么就让我们开始吧。

第 1 天：相信自己正在发生变化

想要发生改变，首先要相信自己正在发生变化。开始一天的工作生活，最好的方法是做一个小小的自我催眠。清晨起来花上 3 分钟，你便可以开开心心地开始每一天。

请把后面的自我催眠内容录下来，每天听一遍自己的声音。在聆听的时候你可以做这些事情：用舒服的姿势坐着或躺着。做个深呼吸，当腹部扩大时从鼻孔中呼气。在呼气时请闭上双眼，放松脸颊，想象压力已经从你的脑门离开。放松眼皮、脸颊和嘴唇，然后把这种放松的状态延续到你的脖子、胸部和背部。想象一下胃里暖融融的感觉。现在放松手臂和双手，感觉双腿、脚踝和脚趾都非常轻松舒适，或许你会感到手脚有点发麻。现在，请你从十往一倒数；当你在聆听自己的声音时，你将达到完全的放松。

属于你的催眠练习

十——九。我开始放松自己。八——七——六——五——我感觉很好、强壮、平静、注意力集中。我接受所有能带来变化的建议。四——三——二——一——现在我认识到每一件我想要做的事情，我都可以做到。我专注、自信，很有把握。随着一天天过去，我能够控制自己，也更加强大。我觉得自己变得积极，这种感觉就在此时。每一天这些变化都越来越明显。每一天它们都融入了我的日常生活。我在各方面都变得积极而又自信。我更加健康，也更有活力。我感到有力量注入我的身体，我的心神准备从催眠状态回到房间里了。一——二——三——四——五。我的思绪很明朗，自我很平静。六——七——八，我的内部充满了力量。九——十，每天我都变得越来越好。

第 2 天：笑容

今天你只要做一件事：与每个你见到的人进行视线交流并对他们微笑。他们都回报以微笑了吗？惊奇的是，大部分人都会这么做。对着镜子练习，尽可能展露最大的笑容，看看自己笑起来的样子。然后稍稍收回一点笑容，让自己笑得更自然。当你确实感受到自己的眼睛和耳朵里也充满了笑意，你的笑容就完美了。一定要笑得明显一些，这样才能像真的大笑时候那样眯着眼睛，并且微微抬起面颊，但是也不要笑得把牙床都露了出来。现在你明白该怎么笑了吗，那就开始练习吧，在浴室、车里、陌生人面前。坚持 21 天，它就会成为你的习惯。

你笑得越真诚，人们对你的印象就越好。心理学家保罗·埃克曼让试验者对录像上人们的个性打分，结果显示，笑容真诚的人比笑容僵硬的人更能赢得试验者的好感。在不明所以的情况下，试验者感觉那些笑容真诚的人们更加愉快、放松和自然。这是因为真实的笑容激活了试验者头脑中的镜像神经，给试验者也带来了真正愉悦的感受。

第 3 天：练习空间感

今天让我们来感受立体空间。花一天时间来了解空间，以及它们与你的关系。请你继续对人微笑，保持视线交流，不过今天开始要把身体也包括进来。当你在餐馆或办公室入座前，先考虑下自己想要向周围传递什么信息，然后再选择一个最能体现你个人能力的位置落座。你可以采取一些舒展的姿势来放松自己，让自己显得自信又有能力。要留意你与周围人站立和就坐的距离，注意他们的反应，观察自己是不是靠得太近了，或者稍微有些远？

第 4 天：注意别人的眼睛

请继续保持微笑，注意空间感觉。今天我希望你留意别人眨眼的频率。当然你用不着跟着他们的频率眨眼，只要观察就可以了。

下面这个练习是为了让你摆脱不自在的感觉。请你与朋友或伙伴面对面坐着，凝视彼此的眼睛，不要看别的地方，保持这个动作 3 分钟。是不是觉得很温馨？凝视的力量非常强大。曾有两个人在凝视陌生的另一方后，发现彼此心中涌起了浪漫情怀。我并不是鼓励你为陌生人倾倒，只是我亲眼见证过简单的凝视可以沟通彼此。你应该多加练习。刚开始的时候，你会觉得不自在，于是你可能会要跳过这一步。但是请不要这么做，眼神交流就跟穿正装和制服一样重要。它能够加强人与人之间的联系，而这正是这本书的主题。

第 5 天：调整你的身姿

对称是一种美，而看起来并不费力的对称站姿能够把你的自信传达给每一个见到你的人。站立的时候，两脚分开，手臂垂在身侧，胳膊肘略弯。你可能会觉得这么站立很不习惯。我们大多数人都不会采用这样的姿势。刚开始你可能会觉得手脚不知道该怎么放，你可以先拿支笔或者夹本书适应一下。过不了多久，你就会自然而然地采用这种姿势了，这会让你显得怡然自得，好像一切尽在掌握。

举止要自信大方，从头、脖子、肩膀到脊柱都要挺直。如果你感到自己的姿势不好，那么从今天开始加以重视。拥有优雅的身姿是影响他人对你第一印象的重要因素，更是提升个人自信的关键。我们的姿势在很大程度上体现了我们的自我价值观。2009 年的一项研究发现，当我们昂头挺胸时，我们对自己的观点和信念更加确定。

自信来源于内心的力量。但是除此以外，我们站立的姿势也会对想法产生影响。留意头部的姿势，是前倾还是不偏不倚？你肩膀的姿势如何，含着肩还是成一直线？你会把脖子伸得老长还是缩着？你有没有弓着背，或是挺胸翘臀？请你仰起头，两肩紧贴在墙边站好，两脚之间留几英寸的间隙。这时候你的后背和墙壁之间应该有一个空隙，然后缓缓放松头部和肩膀。请每天这样连续站立，相对于你以前的站立习惯，这会是一个重大的改变。完美的身姿绝对能使你看起来胸有成竹并充满自信。

第 6 天：温习使用你的最佳自我介绍

假设你正在与一位陌生人会面，回想一下你的“电梯间宣讲”该怎么说，包括谈话开头的寒暄和串场词，请你把这段话一并录下来。

听一下录音，先给你自己的演讲内容和演讲风格评分。一般来说，自我介绍通过口头说出来和写在纸上会有很大的不同，所以这会儿你要对自己严格要求。你的声音听起来怎么样？是不是你希望表现出来的效果？如果你是陌生人，你喜欢听录音机里的这个声音吗？你愿意进一步了解录音机里说话的这个人吗？要想说服别人，你首先要过了自己这一关；修改自我介绍的过程会让你反省打动别人的原因，同时帮助你改进，让你把最好的自己向其他人表现出来。

第 7 天：轻松靠近他人

请继续保持前面进行过的练习，不过今天我们还要增加一项练习来克服靠近焦虑。“什么是靠近焦虑？”你也许会有疑问，“托尼娅，这又是你自创的新名词？”

这么回答你吧。当你走进一间满是陌生人的房间时，你会有什么样的感觉？第一次与陌生人见面，你的手会不会又冷又潮？接近我们不认识的人，并与之对话会让人感到紧张，不过坦然地面对紧张情绪的成因，能够抵消掉内心的恐惧。

你可以这么做。与五个人聊聊天，聊天对象可以是杂货店店员，也可以是你的发型师。可以聊的话题很多：你可以问路；说点恭维话；问问熟食店的虾子是新鲜的还是冷冻的，配什么酒风味最佳。如果你有足够的勇气，又有充足的时间，你甚至可以与人进行一次涉及多种话题的深谈。想邀请别人来聊天，你只要与他开始简单的对话就可以了。

> 杰丹：“你有没有去看某某电影？”
>
> 金伯利：“看了，上个礼拜看的。”
>
> 杰丹：“你觉得好看吗？”
>
> 金伯利：“还不错。”
>
> 杰丹：“我太喜欢某某演员（演员名）了。你知道吗，他还为争取动物权利付出了很多努力。”
>
> 金伯利：“是吗，这我倒不知道。不过我绝对支持保护动物的权利。”
>
> 诸如此类。

任何话题都可以用来谈天。“你昨晚看那场比赛没有？我简直不能相信最后一局他们能拿下 21 分。”不用多久，你就会觉得与陌生人交谈这件事没那么紧张了，因为你的经验告诉你，人们不会因为你走上前去交谈就惊慌失措地尖叫着跑开。

自我检查：这个星期你确实坚持完成本周行动计划了吗？

到现在为止，你已经练习了自我催眠、坚持与人微笑并保持眼神交流，知道了空间感的重要性，还练习了完美站姿和手部姿势。不仅如此，你还学会了怎样接近别人，怎样开口与人交谈。如果你没有完成上面这些内容，请不要继续往下练习，这个21天行动方案只有当你每天坚持做好每一步后才真正有效。我这么说并不是认死理，长期变化总是需要反复努力才能达成；如果你不练习是没办法改进结果并养成新习惯的。如果你已经坚持做到每一步，那么你应该会觉得主动向陌生人微笑和交谈都很容易了。祝贺你！你正在一步步地强化自我，你已经准备好进入第二周的练习了。

第8天：打破沉寂的小故事

请回想一下在生活中有哪些片段可以当做小故事讲给别人听，用它们来打破陌生人之间的冷漠。你可以列举出10个小标题，分别是：生活中的讽刺、最难堪的事情、一次有意义的历险、激动人心的事情、性感的一刻，还有局促不安、天真无邪、感人肺腑、英雄仗义和浪漫的事情。当你在看着这些小标题时，你的脑海里浮现出什么样的故事，这些故事可以划分到哪个标题下？

请对着录音机好好说一个小故事。这个故事是完整的，有引人入胜的开篇，动人心弦的情节和高潮迭起的结尾，再加上生动的细节和幽默的用语。对亲密的人试着说下你的小故事，然后确定这个故事的潜在听众。要记住有些故事只适合在鸡尾酒会上聊，不适用于求职面试。

第9天：设定基准

继续坚持前面这些练习。接下来我们要练习的是为交流设立基准(找规律)。

今天，如果你与其他人在一起，你要注意观察他们的方方面面，从性格类型、握手的方式到特定的用词（特别是当他们在放松状态的用词）和身体姿态。留意那些从身体姿势、手势、表情和眼神中流露的非语言信号。你可以翻到本书有关肢体语言的章节来巩固一下这方面的知识。

接下来，当你在与人交谈或是收听广播这类日常琐事时，请注意倾听不同话语的表象系统。你能够区分出视觉型、听觉型、感觉型表象系统了吗？

请记住每种表象系统的关键词。下面就是有趣的部分了，先对着录音机讲一个新故事，然后请你听听录音分析一下自己讲话时用的是哪种表象系统。

第 10 天：用故事打破僵局

今天可以对别人说说你的故事了。要选择好讲故事的对象，不管他的反应如何，都不会影响（或毁掉）你的生活。你觉得自己说故事的时候与对着录音机讲一样自信吗？你的交流对象的反应如何？你打算怎么进一步改进这个故事以便将来再用？现在就开始吧，把改进过的故事录下来反复练习。

第 11 天：伸出手去触摸

第 11 天是触摸日。今天你要练习握手，记住我们握手时要传递适度的压力，表达温暖和专业性，你一定不想让交流对象觉得像在跟优柔寡断的人握手，也不想握手握到别人骨折吧。现在出门与至少 5 个人握手吧。

不过，练习还没有结束。现在，请再挑选 5 位不会对你起疑心的人，用一般性的不带任何挑逗的方式触摸他们。要记住，触摸方式等同于身份地位，它是居于主导地位的绝佳指示。把手放在别人身上，不管是握手，碰到胳膊和手，轻抚背部，或是单手、双手击掌（动作要适宜），都传递出强烈的控制局面的信号和权威感。现在就请你试验下触摸的神奇力量吧。

第 12 天：练习空间与手势

今天要进行有关个人空间的练习。选择一位对象，慢慢地有目的地踏进他的个人空间。此外，你还需要练习如何从某个角度切入和退出。

当你踏入某人的个人空间时，观察他是纹丝不动还是往后退。如果他纹丝不动，这表示你遇到了一个潜在对手，这个举动证明他不愿意放弃自己的权力，也不愿在互动关系中示弱。如果你见到的是他后退的动作，哪怕只是微不足道的退却，表示他对你的进犯而让步，这意味着你掌握了局面。请在练习时注意观察对方的反应，想想在今后各种场合中怎么灵活运用这个技巧。

最后，你需要找准机会使用那些表达信心的手势，包括掌心朝上、自信的眼神、手指相抵等小动作。

第 13 天：协商

欢迎开始“不做语言受害者”的一天。请找一件你需要买的东西，任何可以谈价的物品都行。学会怎样解读别人，如何在互动中占据上风绝对必要。每次当你与人交谈时，都可以看做是一次协商。在谈话过程中，我们的目标是始终要确保自己能把握交流的方向。

今天我们只是做一次试验，你不必冲出去买辆新的豪华跑车。你可以去二手集市上买个跑步机，从农贸市场买一束罗勒或是一件小小的饰品来练练手。首先观察卖者的基准动作，然后（也必须）要在这个时候决定协商策略。你要表现得控制协商局面，但又不能蛮横无理，所以你要留意好自己对外传递的信息，通过语言和非语言的技巧来谈成这笔交易：用上昨天练习过的充满信心的手势，再辅以有力的用语，比如直呼交谈对象的名字，还有“现在”、“因为”、“谢谢你”等词语。

在任何交流过程中，如果你想成为交流的主宰，就要认识到自己应完全掌控局面。想练习这一点，唯一的方法是：当情势不偏向你时不再恋战，转身走开。这个练习的目的是让你认识到其他人也会对你使用心理技巧。要牢记，如果商家希望尽快谈成买卖，你要学会适时离开。买卖双方都开心总比一人获利要强！一旦你能自如地运用这个技巧，你在争取好工作和新客户时就会更加得心应手。

第 14 天：把注意力放在耳朵上

你每天都坚持做好前面的练习了吗？很好，今天我要给你的耳朵一个小福利。让我们着重练习在别人的右耳和左耳边说话，然后把先后次序切换下，看看是不是有什么差别。我们知道眼神的一致很重要，耳朵也是如此。人们的右耳与左脑半球相连，通常控制语言加工。研究发现，当你朝着他人的右耳提要求会增加对方首肯的几率。人们的左耳则与右脑半球相连，主要进行情绪加工，于是能够更好捕捉到语音、音色、旋律和音量的微妙变化。

从中我们可以总结出什么经验？练习一下附在他人右耳边提要求，附在左耳边聊情感。如果你想要得到的回音是不涉及感情的，请对着人们的右耳说话。如果你想要激发人们的情绪，则轻轻地对着左耳说话。

自我检查：这个星期你学会了什么？

第二周的练习结束了。请想象一下，通过每一天的练习，这些新习惯就要成为你的第二天性。在这个星期里，哪种技巧对你最有帮助？是设定基准、说故事还是抚摸或握手？也许你还会觉得与人谈判的练习最有帮助。这个星期的练习确实很繁忙，不过你有没有坚持在前一天的基础上增加新内容的练习？如果没有的话，你可就辜负了这个行动方案，也辜负了自己投入的精力。你总共需要21天——不要松懈，坚持到底，最后你将收获到成功的果实。

第15天：检查你的语言表达

今天我要求你在录音机前完成另外一项任务。我们要练习的是发音。专业并且可信地说话（我指的是说话本身，而不是说的内容），这也是一个影响别人看法的方式。

你现在每天都看一会儿报纸吗？今天，我希望你能对着录音机，花上10～15分钟时间读一段报纸上的新闻，然后听录音来检查自己的发音，不能含糊不清。现在请你念一下一星期的每一天。星期一、星期二、星期三，你的发音正确吗？有没有说成星期尼、星期热、星期山？

请你把自己的常用词列一个清单，并对着录音机录下来。我认识一位很聪明又很富有的男士，他从来就说不好“偿付”这个词，总是说成“藏付”，只是因为他的权势地位，人们往往假装没有听出来。可是如果有一天你说错了词，而这次别人注意到了，他们很可能会因为这个来议论你（至少会影响对你的印象）。把自己容易说错的单词列出来多练几次，直到你可以正确无误的发音，这样能够避免让人觉得你像个傻瓜。

第16天：练习思维架构

请你从过去的经历或当前的事情中挑出5个不愉快的场景。最好这5个场景能跨越几个方面，从童年生活到家庭生活，再到学校生活、事业方面和感情生活。把它们写下来，现在面对这几个场景，你能重新架构你的想法吗？就像下面这个例子一样：

强尼在一个粗陋不堪的家庭环境中长大，在他很小的时候就目睹过父母毒瘾发作和酗酒的样子。他很少得到家人的照管。

思维架构：可怜的强尼，他一定有一个悲惨的童年。

重新架构：强尼从早年生活经历中学到了重要的一课，这帮助他在成年后取得成功。

重新架构：强尼从年幼的时候就明白了毒品和酒精的危害。他意识到自控力和勇气的重要。他也意识到父母的关心和责任心对子女的影响有多大。

再来一个简单些的例子吧，让我们来看看一些特定的想法可以怎样架构。

思维架构：我儿子拉尔夫做填色游戏很不在行，他总是把颜色涂到图案外面。

重新架构：我儿子拉尔夫很有创造力，他还会自己设计图案。

思维架构：你总是想到什么就说什么，你就不能考虑下别人的感受吗?

重新架构：我很欣赏你的直率。

思维架构：自从戒烟后我就觉得心烦意乱。

重新架构：我想我可以用省下的烟钱去做个按摩，放松一下。

思维架构：你的信仰是错误的。

重新架构：每个人都有权利有不同的想法。

思维架构：一位父亲一周工作60小时，他摔断腿后失去了工作，家里经济很紧张。

重新架构：这位父亲可以多点时间陪陪家人。

思维架构：我没有工作经验。

重新架构：我太幸运了，能够在您的指导下得到这么好的工作经验。

如果你觉得要做出重新架构很难，请你再看一看本书中有关这部分的内容。

现在请你举出由5个不同的人带给你的5种感受。这些感受可以是老朋友带给你的怀旧、对伴侣的爱意或认识客户的兴奋。你能从脑海中浮现的人和事上引导出积极的想法吗？如果你已经在头脑里想好了，请你从中选出一个人来完整地练习一遍重新架构。例如：

> 思维架构：嗨，我是家庭报警系统公司的，我想向您推荐这套安全系统。
>
> 重新架构：这很值得，心灵的安全感是多少钱也买不来的。
>
> 思维架构：我就要和这个人结婚，一辈子生活在一起了。
>
> 重新架构：我将会了解丈夫的一切，知道什么最让他高兴。
>
> 思维架构：上级实在给我太多工作了。
>
> 重新架构：时光飞逝，而我没有虚度。

你练习得如何？有没有在别人说话的时候同时注意他或她的肢体语言？要知道有些人嘴上说是，其实他们的肢体语言却告诉你相反的信息。在你继续练习之前，你需要确定自己能够从别人口中得到你想要的回应。如果你已经收到了积极回应，请再与名单上其他四个人完成练习。

第 17 天：建立一致性

寻找与其他人一致的敌人和目标。这两样事情可以同时发生，你可以同时使用消极和积极的一致性来与同事、朋友或家人增进感情。但不需要局限自己，让自己和别人除了共同的敌人外没有其他相似之处也没必要。谁是你们家庭共同的敌人？是私人关系，还是公务因素？是政治观点，还是文化分歧？这个共同的敌人也许是纠缠不休的前妻、某个可恶的同事，甚至是国税局。等你确定下这个敌人后，你可以寻找跟你有同感的人，或是在你的影响下与你有相同观点的人。这里并不涉及到权力，而是基于相同观点基础上人与人之间的关系。

接下来轮到共同目标了。你和家人的共同目标是什么？你与同事的共同目标是什么？在社会上，你与哪些人有共同目标？这个共同目标是你们相似的环保理念还是你所在的社区或公司对某个非营利性慈善机构的支持？

今天练习的主题是建立想法的纽带，寻找共同基础。请你把谈话间共同的兴趣和嫌恶的东西整理出来。通过分享共同的敌人和目标与他人建立起一条交流的纽带，这样他们在今后更可能站在你这边。

第 18 天：肯定对话框架练习

肯定对话框架能够引导别人给出肯定回答并且频频点头。例如，

这个 21 天行动方案很有趣，对不对？

是的，托尼娅。

你已经有了惊人的改变，一定是这样吧？

是的，托尼娅。

你感觉今天充满了冒险精神，是不是？

是的，托尼娅。

我刚刚得知你打算改变自己的生活，让自己每一次都能利用语言和非语言的交流技巧来得到想要的答复，你觉得我说得对吗？

是的，托尼娅。

不管你信不信，你甚至可以利用交谈对象并不赞同的观点继续让他给出肯定的答复。例如，考虑到我们对这件事情的观点不一致，我想我们是互相不同意对方的，我这么说对不对？是的，托尼娅。

现在你已经把交谈对象引入了肯定模式中，你可以在不经意间提出那个你真正想要他同意的问题。注意不要让这个问题引起对方的警觉。试着搭建肯定对话框架，今天你的任务是至少与两名不同的对象试验这个技巧。

第 19 天：为展现最佳的自己作准备

今天是为展现自我作准备的一天。还记得吗，如果对别人做词启动，你只需向交谈对象不着痕迹地灌输有关某人的情况，你所灌输的内容会影响后续的行为；你说的话和具体的用词，也会改变其他人的感受。同理，别人谈论你的话也会影响周围其他人对你的看法。

所以，让我们来试一试词启动的效果吧。找一个拍档与你一起练习为对

方做词启动介绍。假设在理想情况下，你希望向看不见的听众预先灌输哪方面的信息呢？回头想一想你的最佳卖点，在脑海里列举几项。最佳卖点体现的都是你的长处，而这些长处正可以作为让听众预先了解你的内容。请你想一想有哪 5 个词最重要？接下来请你列举出 5 种对其他人做词启动的方式，让他们能够认识到你的重要品质。

第 20 天：戴上面具试试

今天请你不时给自己戴上情感面具，确保自己能随心所欲地运用它。有时候你不想让别人知道你的感受，一张不动声色的面具能够帮助你，特别是当你非常紧张又不愿让人知道的时候。这是你情绪的伪装，防止你泄露真实的感情。戴上这张面具你就能像变色龙一样隐藏起来，让人捉摸不透。

认识到什么时候该戴面具非常重要；你要确保自己能在最恰当的时候摆出无可奉告的表情。学会分辨情感信号：哪些会让你激动无比，哪些又会让你过度兴奋。确保自己能在需要的时候隐藏情感的波动。

第 21 天：祝贺你

祝贺你成功打造了最出色的自我。你正在成长的道路上遵循自身想法前进；我希望你能答应我坚持继续前行。看看仅用 21 天取得的巨大进步：你已经学会快速地解读别人，与人建立良好的关系。你的自信心加强了。你学会了不少交流技能，而它们正在转化成习惯。

现在，想象一下当你把这些技巧全部掌握时你能做多少事情，你还可以运用潜意识技巧来帮助自己。你可以找一个小小的物件来时刻提醒自己成功，一件不贵重但有重要意义的事物。我的小物件是孩子们给我的小巧圆润的石头。我到哪儿都会带上这些石头，还选了一块小石头随身带着。你的小物件也应该是对你意义深刻的东西，能够提醒你此时此刻拥有的自信态度以及本领。把这个小物件放在你的钱包里，让自己每天都能碰到它。

一个朋友曾经对我说，成功意味着给身边的人带来快乐。我希望这本书也能带给你们快乐。最重要的是，我相信通过对本书的学习，你自身不仅有所改变，也让身边的人的生活更快乐。

短信查询正版图书及中奖办法

A．电话查询
1．揭开防伪标签获取密码，用手机或座机拨打4006608315；
2．听到语音提示后，输入标识物上的20位密码；
3．语言提示：您所购买的产品是中资海派商务管理(深圳)有限公司出品的正版图书。

B．手机短信查询方法(移动收费0.2元/次，联通收费0.3元/次)
1．揭开防伪标签，露出标签下20位密码，输入标识物上的20位密码，确认发送；
2．发送至958879(8)08，得到版权信息。

C．互联网查询方法
1．揭开防伪标签，露出标签下20位密码；
2．登录www.Nb315.com；
3．进入“查询服务”“防伪标查询”；
4．输入20位密码，得到版权信息。

中奖者请将20位密码以及中奖人姓名、身份证号码、电话、收件人地址和邮编E-mail至szmiss@126.com，或传真至0755-25970309。

一等奖：168.00元人民币(现金)；
二等奖：图书一册；
三等奖：本公司图书6折优惠邮购资格。
再次谢谢您惠顾本公司产品。本活动解释权归本公司所有。

读者服务信箱

感谢的话

谢谢您购买本书！顺便提醒您如何使用ihappy书系：
- ◆ 全书先看一遍，对全书的内容留下概念 。
- ◆ 再看第二遍，用寻宝的方式，选择您关心的章节仔细地阅读，将“法宝”谨记于心。
- ◆ 将书中的方法与您现有的工作、生活作比较，再融合您的经验，理出您最适用的方法。
- ◆ 新方法的导入使用要有决心，事先做好计划及准备。
- ◆ 经常查阅本书，并与您的生活、工作相结合，自然有机会成为一个“成功者”。

<table>
<tr><td rowspan="9">优惠订购</td><td colspan="2">订阅人</td><td></td><td>部门</td><td></td><td>单位名称</td><td></td></tr>
<tr><td colspan="2">地址</td><td colspan="5"></td></tr>
<tr><td colspan="2">电话</td><td colspan="3"></td><td>传真</td><td></td></tr>
<tr><td colspan="2">电子邮箱</td><td></td><td>公司网址</td><td></td><td>邮编</td><td></td></tr>
<tr><td>订购书目</td><td colspan="6"></td></tr>
<tr><td rowspan="2">付款方式</td><td>邮局汇款</td><td colspan="5">中资海派商务管理(深圳)有限公司
中国深圳银湖路中国脑库A栋四楼　　邮编：518029</td></tr>
<tr><td>银行电汇或转账</td><td colspan="5">户　名：中资海派商务管理(深圳)有限公司
开户行：招行深圳科苑支行
账　号：81 5781 4257 1000 1
交行太平洋卡户名：桂林　　卡号：6014 2836 3110 4770 8</td></tr>
<tr><td>附注</td><td colspan="6">1. 请将订阅单连同汇款单影印件传真或邮寄，以凭办理。
2. 订阅单请用正楷填写清楚，以便以最快方式送达。
3. 咨询热线：0755-25970306转158、168　传　真：0755-25970309
E-mail: szmiss@126.com</td></tr>
</table>

→利用本订购单订购一律享受9折特价优惠。
→团购30本以上8.5折优惠。